Markus Enz - Altmann

Rümlinger Predigten

Markus Enz - Altmann

Rümlinger Predigten

Sehnsucht nach Gottes Güte und Gerechtigkeit

Fromm Verlag

Impressum/Imprint (nur für Deutschland/ only for Germany)
Bibliografische Information der Deutschen Nationalbibliothek: Die Deutsche Nationalbibliothek verzeichnet diese Publikation in der Deutschen Nationalbibliografie; detaillierte bibliografische Daten sind im Internet über http://dnb.d-nb.de abrufbar.

Coverbild: www.ingimage.com

Contact:
International Book Market Service Ltd., 17 Rue Meldrum, Beau Bassin, 1713-01 Mauritius
Website: www.bookmarketservice.com
Email: info@bookmarketservice.com

Gedruckt in: USA, UK, Deutschland. Dieses Buch wurde nicht in Mauritius produziert.

Imprint (only for USA, GB)
Bibliographic information published by the Deutsche Nationalbibliothek: The Deutsche Nationalbibliothek lists this publication in the Deutsche Nationalbibliografie; detailed bibliographic data are available in the Internet at http://dnb.d-nb.de.

Cover image: www.ingimage.com

Contact:
International Book Market Service Ltd., 17 Rue Meldrum, Beau Bassin, 1713-01 Mauritius
Website: www.bookmarketservice.com
Email: info@bookmarketservice.com

Printed in: U.S.A., U.K., Germany. This book was not produced in Mauritius.

ISBN: 978-3-8416-0191-9

Vorwort

Als Predigthörer langweile ich mich oft. Es kommt nicht häufig vor, dass eine Predigerin oder ein Prediger ein Thema behandelt, das mich wirklich interessiert, meinen Geschmack trifft und eine angenehme Art hat, die Predigt vorzutragen. Nicht selten ärgere ich mich über die unsorgfältige Vorbereitung von Predigten, über Geplauder, über Pfarrherrlichkeit, über salbungsvollen Ton oder über theologische und gesellschaftspolitische Ansichten, die ich nicht teilen kann.
In solchen Fällen gehe ich manchmal trotzdem mit einem guten Gefühl nach hause, wenn ich die Lieder gerne mitgesungen oder der Musik gerne zugehört habe, wenn ich mich am schönen Gottesdienstraum freuen konnte oder an der Begegnung mit Menschen.
Wenn Predigten als Texte gedruckt vorliegen, entfällt dieser Trost. Vielleicht ist das eine Überforderung der Predigt. Die Chance des Lesens einer Predigt ist allerdings, dass man innehalten kann, wo man will und überblättern darf, was man nicht lesen möchte. Und der Text wird nicht durch die Art des Vortrags oder durch den Prediger oder die Predigerin gestört.
Die Vorstellung, Predigthörerinnen und -hörer zu langweilen oder zu verärgern erhöht den Druck auf die Predigenden. Dazu kommt die Erfahrung, dass der Gottesdienstbesuch in der Kirchgemeinde Rümlingen, wie an vielen andern Orten, rückläufig ist und die Gottesdienstgemeinde älter wird. Wenn regelmässige Kirchgänger sterben, bleibt ihr Platz meist leer. So besuchen heute den traditionellen Sonntagmorgengottesdienst mit einer Predigt in der Mitte nur noch etwa halb so viele Menschen wie noch vor 15 Jahren.
Auch wenn ich diese Entwicklung bedaure und wenn mich die Vielfalt der Möglichkeiten, mit der Predigt zu enttäuschen, unter Druck setzt, predige ich nach wie vor sehr gerne. Es ist ein Privileg, sich ein paar Stunden zurückziehen zu können, nachzudenken, an Formulierungen zu feilen und sich zu fragen, was für Gemeindeglieder hilfreich und was zu einer gesellschaftspolitisch relevanten Frage vom Evangelium her zu sagen sein kann. Die Predigt ist für mich eine Art Geschenk, das sich dem Reichtum der biblischen Tradition verdankt, der Prägung und Kreativität der Predigerin oder des Predigers und der Zeit, die sie für die Vorbereitung zur Verfügung gestellt bekommen. Es braucht etwas Wohlwollen, dass ein Geschenk seine Wirkung entfalten kann und auch ein bisschen Glück, dass es den Geschmack der Empfangenden trifft. Und es braucht das Vertrauen, dass der Geist Worte füllt und so *das Wunder der Worte* (Hilde Domin) immer wieder ermöglicht.
Auf den folgenden Seiten sind ein paar Predigten aus den letzten Jahren zusammengestellt, auf die ich ein spezielles Echo bekommen, oder an denen ich selber besondere Freude habe.

Im Herbst 2011

Markus Enz - Altmann

Inhaltsverzeichnis

Kirche Rümlingen mit Pfarrhaus und Viadukt. Lithographie, 19 x 25 cm, Arthur Biedert, 1982

Auch die Ewigkeit hat er ihnen ins Herz gelegt
Predigt anlässlich des 500-Jahr Jubiläums der Kirchgemeinde Rümlingen, 10. Juni 2001

Im Jahr 1501 stiftete eine reiche Frau der Kirche viel Geld mit der Auflage, damit eine neue Kirche und ein neues Pfarrhaus zu bauen. Der Pfarrer der Mutterkirche Sissach sollte für die Amtshandlungen nicht mehr den beschwerlichen Weg durchs Homburgertal auf sich nehmen müssen. Die zuständigen Behörden stimmten diesem Vorhaben zu, und so wurden die fünf Dörfer Rümlingen, Buckten, Häfelfingen Känerkinden und Wittinsburg in der Mitte des Homburgertales zu einer selbstständigen Kirchgemeinde. Weil sich dieses denkwürdige Ereignis im Jahr 2001 zum 500. Mal jährte, feierten wir ein grosses Kirchenfest. Im Festgottesdienst wurde diese Predigt gehalten.

Liebe Gemeinde

Vor 500 Jahren,
als die kleine Georgskapelle in Rümlingen
zur Pfarrkirche erhoben und vergrössert wurde,
gab es in unserer Region und weit herum einen richtigen Kirchenbauboom.

Ende des 15. und anfang des 16. Jahrhunderts sind in der Eidgenossenschaft
und im süddeutschen Raum hunderte Kirchen neu gebaut oder vergrössert worden.
Auch in unserer Nachbarschaft wurde viel gebaut.
1495 erhielt die Kirche Läufelfingen
1525 die Kirche Sissach ihre äussere Gestalt, die sie bis heute behalten haben.

Die neu- oder ausgebauten Kirchen waren markante Gebäude,
aus Stein, nicht wie die meisten anderen Häuser aus Holz,
gedeckt mit Ziegeln, nicht wie die meisten anderen mit Stroh.
Und mindestens in den Dörfern haben die Kirchen mit ihrem Turm
alle anderen Gebäude bei weitem überragt.

Diese Kirchenbauten sind möglich geworden
dank eines allgemeinen wirtschaftlichen und demographischen Aufschwungs im ausgehenden Mittelalter.
Die Erträge der Landwirtschaft sind gestiegen,
so auch die Einkünfte der Kirchen.
Viele Leute waren in der Lage
für die Kirchen Stiftungen zu machen,
und gefestigte Herrschaftsverhältnisse machten es möglich,
die Untertanen in materieller und in geistlicher Hinsicht an die Kirche zu binden.

Auch in Rümlingen hat die Stiftung einer frommen und vermögenden Frau
eine selbstständige Kirchgemeinde
mit Kirche, Pfarrhaus und eigenem Pfarrer möglich gemacht.
Adelheid Buserin hiess sie.
Sie hat der Kirche Geld geschenkt mit der einzigen Auflage,
dass es für den von ihr bestimmten Zweck eingesetzt werde.

Was steckt hinter solchen Stiftungen und dem Kirchenbauboom dieser Zeit?
Warum hat ein wirtschaftlicher Aufschwung gerade die Kirche so beflügelt?

Der Kirche muss es in dieser Zeit gelungen sein,
breiten Bevölkerungsschichten plausible Antworten
auf Fragen rund um Leben und Tod zu geben.
Und sie muss Formen des Feierns geboten haben,
die viele Menschen angesprochen haben.

Die grosse Frage damals war:
wie bekomme ich einen gnädigen Gott?
Was kann ich tun,
was muss ich tun,
damit mein Leben nach dem Tod möglichst gut ist?
Das Stiften von Kirchen, von Altären und Messen
sowie religiöse Praktiken wie etwa das Sprechen von bestimmten Gebeten
oder das Pilgern an bestimmte Orte,
all dies waren auch Beiträge dazu, Gott gnädig zu stimmen.

Die Angst vor jenseitigen Strafen war allgegenwärtig,
und es gab gewissermassen einen Markt,
was man tun konnte, um die jenseitigen Strafen zu vermindern.

Dabei waren diese religiösen Praktiken bestimmt auch ein Beitrag dazu,
diffuse, unbewusste Schuldgefühle und Existenzängste zu binden
und sie in gewisser Weise zu bannen.

Die Kirchen verfügten entsprechend über Mittel und Möglichkeiten,
die die Menschen zur Bewältigung ihres Lebens in Anspruch genommen haben.

Wie stark die Kirche selber Ängste geschürt hat,
und wie stark mehr oder weniger subtile Formen von Druck und Zwang im Spiel
gewesen sind,
steht auf einem anderen Blatt.

Jedenfalls hat die Kirche eine zentrale Bedeutung für die Menschen gehabt

und der markante Kirchenbau mit seiner Grösse und seinem Schmuck
hat die Wichtigkeit und Macht der Kirche dargestellt
und auf einer tieferen Ebene auch symbolisiert.

Im Verlauf der 500 Jahre, die seit dieser Zeit vergangen sind,
hat sich das, was die Kirche darstellt und symbolisiert
tiefgehend verändert.

Die Kirche hat Konkurrenz bekommen.

Konnten vorher nur Burgen und Schlösser
als Zeichen obrigkeitlicher Macht mithalten,
so kamen bald stattliche Rathäuser dazu,
später Zunfthäuser, schliesslich Schulhäuser und Bahnhöfe.
In Rümligen überragt das grossartige Viadukt
als Ausdruck des technischen Fortschrittes die Kirche.
Im Zug dieser Entwicklung sind schon lange nicht mehr die Kirchen
die repräsentativen Gebäude unserer Gesellschaft,
sondern Banken und Versicherungen,
Einkaufszentren und Sportstadien
Hotels, Firmensitze und Industrieanlagen.
Die Kirche steht buchstäblich und im übertragenen Sinn neben anderen
manchmal in Konkurrenz
manchmal im Abseits
manchmal im Schatten.

Mit dem Abtreten von gesellschaftlicher Bedeutung ist verbunden,
dass die Kirche auf dem religiösen Markt
- wenn man es so salopp sagen darf -
Konkurrenz bekommen hat
und nicht mehr Alleinanbieterin ist.

Die Menschen sind nicht weniger religiös als vor 500 Jahren
und sie suchen auch nicht weniger, im Gegenteil,
aber sie suchen und finden ihre religiöse Orientierung
an ganz unterschiedlichen Orten.

Was heisst das für die Kirche?

Manche finden,
für sich selber, oder überhaupt,
die Zeit der Kirchen sei abgelaufen.

Wahrscheinlich nicht nur, weil ich ohne die Kirche als Arbeitgeberin
vorerst wohnungs- und arbeitslos wäre,
finde ich das nicht.

Ich glaube, dass der Prediger recht hat, wenn er sagt
auch die Ewigkeit hat er den Menschen ins Herz gelegt (Koh 3,11).
Es gibt eine religiöse Dimension im Menschen,
die Menschen immer umtreiben wird,
die sie fragen und suchen lässt,
die sie Formen und Möglichkeiten ausprobieren lässt,
wie man dieser Ewigkeit auf die Spur kommen kann,
wie man Fenster hin zu dieser Dimension aufstossen
und alte und neue Zugänge zu ihr finden kann.
Es ist gut, dass die Kirchen dabei nicht die einzigen sind.
Aber die Kirche hat mit ihrer langen Geschichte
auf dem Markt der religiösen Angebote den Vorteil,
dass sie die Ausgestaltung ihrer Bekenntnisse
bereits in vielen Varianten erlebt hat
und zwar in vielerlei Hinsicht hilfreich und menschengerecht
und in mancherlei Hinsicht auch menschenverachtend und blutig.
Aus dieser Geschichte kann sie lernen.

Es gibt selbstverständlich einen direkten Zusammenhang
zwischen einer bestimmten Art von Glaubensbekenntnis und dessen Ausübung.
Das zeigt sich beispielsweise in den Kreuzzügen oder Hexenverbrennungen,
der Verfemung von Schwulen und Lesben
und der Verfolgung von Juden, Indianern und Zigeunern.

Es gibt selbstverständlich einen direkten Zusammenhang
zwischen gewissen theologischen Gedanken
und der Diskriminierung der Frau,
der Ausbeutung der Natur
und dem Missbrauch von Macht ganz allgemein.

Solches zu sehen und zu bekennen ist unverzichtbar für die Kirchen.

Wer allerdings einfach nur die dunklen Kapitel der Kirchengeschichte aufschlägt,
um sich damit die Kirche vom Leib zu halten,
der macht es sich etwas zu einfach.

Chance und Aufgabe der Kirchen ist nicht zuletzt,
ihre eigene Geschichte als Lernsteinbruch zu benutzen,
um anhand der Wege und Irrwege,

die die Kirchen gegangen sind,
besser herauszufinden,
wie etwas vom Bleibenden der Botschaft der Liebe und Gerechtigkeit
weitergegeben werden kann und wie besser nicht.

Vielleicht ist es ein wenig wie mit der eigenen Lebensgeschichte:
Ändern kann man nichts daran und man wird sich selber auch nicht los.
Wenn wir zurückschauen auf unser Leben,
gibt es wahrscheinlich einiges,
an das wir uns mit Schmunzeln oder mit Kopfschütteln,
vielleicht gar mit Erröten oder Haare Raufen erinnern.
An anderes denken wir vielleicht auch mit Stolz oder mit Wehmut.

Es gibt verschiedene Zeiten im Leben
und man ist zwar immer sich selbst und der- oder dieselbe,
aber irgendwie auch nicht.
Glücklich, wer von sich sagen kann:
ja, das bin ich gewesen, so habe ich gedacht, gehandelt, gelebt,
es hat seine Zeit gehabt in meinem Leben,
jetzt aber denke ich dies, und lebe das.

Und jetzt kommt das Wesentliche:
Dass ich so wurde, wie ich bin,
verdankt sich dem, dass ich einmal nicht so war, wie ich jetzt bin.

Persönliche Reife hat damit zu tun,
dass man lernt, sich und seine Geschichte anzunehmen,
und den verschiedenen Zeiten in seinem Leben ihre Berechtigung zu geben.
Mit anderen Worten:
Ich bin ein Gewordener.

Wenn man so auf sein Leben schaut,
lernt man sich selber besser kennen,
weiss bei sich um Situationen, bei denen man sich in Acht nehmen muss,
weiss um Gelegenheiten, die man nicht noch einmal verpassen will,
weiss, wo man stark ist und wo schwach.

Nicht gleich, aber vergleichbar ist es mit der Kirche.
Es geht nicht darum,
in allem, was gewesen ist, einen Sinn zu sehen.
Manches, das geschehen ist, bleibt dumm und sinnlos.
Nichts wiegt das Leiden der Menschen auf,
die Opfer geworden sind von kirchlichen Irrwegen.

Aber dennoch stimmt,
dass im Beleuchten dessen,
was gewesen ist über die Jahrhunderte,
sich die Chancen und Gefahren des Kommenden
zeigen können.

Das scheint mir ein grosses Plus der alten Dame Kirche.

Zwei Aspekte davon sollen zum Weiterdenken anregen:

In früheren Jahrhunderten hat es den sogenannten *Pfarrzwang* gegeben.
Das heisst, alle Einwohner, die *Kirchgenossen*,
mussten alle Gottesdienste ihrer Kirche besuchen,
auch bei uns, hier in dieser Kirche.
In den Gottesdiensten wurden auch die obrigkeitlichen Beschlüsse verlesen.
Die Pfarrherren waren der verlängerte Arm der Obrigkeit auf dem Land,
Andersgläubige wurden nicht geduldet.
Das wurde durchgesetzt bis hin zur Einkerkerung in der Homburg,
Verbannung, oder gar Ersäufen im Homburgerbach,
wie es an Täufern vollzogen wurde.
Das zeigt, wie Verbindlichkeit in der Religionsausübung zu Zwang zu werden droht.
Das ist ein dunkles Kapitel der Kirchengeschichte.
Dabei lässt sich aber etwas sehr Interessantes feststellen:
Unter solchem Zwang und seinen vielen Ausgestaltungen,
die bis in unsere Zeit reichen,
- etwa wenn gefordert wird, dass mindestens jemand von einer Familie bei jedem
Gottesdienst anwesend zu sein hat -
ist ein fest verankertes, allgemeines Kulturgut entstanden:
Lieder, Musik, Gedanken, Geschichten und Bilder,
eine geistige Welt, die vielen viel bedeutet,
und für viele geistige Heimat und Lebenshilfe darstellt.

So ist gewissermassen auf der Rückseite von etwas Dunklem,
etwas Lichtes entstanden,
ein wesentlicher Teil unserer abendländischen Kultur.

Die Kirche muss im Blick auf ihre Zwang ausübende und intolerante Geschichte
sehr sensibel darauf achten,
wie schnell ihre Botschaft Menschen einengen und unter Druck setzen
und wie leicht ihre Botschaft Menschen ausgrenzen und diskriminieren kann.
Gleichzeitig aber sollten wir Sorge tragen
zum Gut an religiösen Gedanken und dessen Ausgestaltungen,
die noch in vielen lebendig sind.

Und wir sollten dieses Gut auf verbindliche Weise pflegen und kultivieren.
Wie schade wäre es, wenn es kaum mehr Lieder gäbe,
die viele von Herzen mitsingen können,
wenn es keinen Sonntag mehr gäbe als Feiertag,
wenn die kirchlichen Feste aufgesogen würden vom Konsum,
wenn es keine Chöre mehr gäbe,
die eine Messe als Gottesdienst vortragen können.

Zum Glück kann die Kirche nicht mehr sagen:
du musst!
Aber sie kann auf mannigfaltige Art und Weise sagen:
Du bist eingeladen!
Du darfst!
Du kannst!

Der zweite Aspekt, den ich ihnen zu bedenken geben möchte,
handelt vom Geld.

Auch in dieser Hinsicht hat die Kirche eine wechselvolle Geschichte.
Es verschlingen sich dabei im Wesentlichen zwei Fäden.
Der eine ist, dass es in der Kirche ist wie überall:
Geld regiert nicht nur die Welt,
Geld regiert auch die Kirche.
Manchmal hat man beim Studium der Kirchengeschichte den Eindruck,
Pfarreien seien wie Betriebe geführt worden.
Es wurde geklotzt, beschissen und gestritten wegen des Geldes,
wie überall sonst auch.
Den Ruhm Gottes meinte man mit Prunk darstellen zu müssen.
Die Kirche hat mitgemacht mit der Einstellung,
was nichts kostet, ist nichts wert,
und sogar das Seeleheil hatte seinen ganz eigenen, materiellen Preis.

Der andere Faden, der ebenso die Kirchengeschichte durchzieht,
hat seinen Ursprung in Sätzen von Jesus wie
Selig die Armen (Mt 5,3)
oder
Ihr könnt nicht Gott und dem Mammon dienen. (Mt 6,24)

Diese Überzeugungen haben Armenbewegungen
mit hoher geistlicher Kultur und Mystik hervorgebracht,
denken sie nur an Franz von Assisi.
Für mich ist es wichtig,

dass wir beide Seiten bedenken.
Es gibt eine Seite, bei der es gleich läuft wie überall sonst,
das heisst, die Kirche braucht Geld,
um ihre Arbeit machen zu können.

In den letzten zwanzig Jahren hat unsere Kirchgemeinde ungefähr 4 Millionen Franken eingenommen und wieder ausgegeben.
4 Millionen, das ist viel Geld.
Andererseits aber ist es auch wenig, wenn man bedenkt,
dass diese Summe etwa der Abgangsentschädigung
von zwei gescheiterten Managern eines Grosskonzerns entspricht.

Wenn man etwas genauer hinsieht, erkennt man,
dass viel geschehen ist mit dem Geld,
das die Kirchgemeinde ausgegeben hat.

Der Kirche muss es noch besser gelingen, den Nachweis zu erbringen,
dass das Geld, das sie ausgibt,
gut investiertes Geld ist,
dass die Kirche durch ihr Denken und Handeln
einen wichtigen Beitrag für die Gesellschaft leistet,
und sich darum die paar 100 Franken,
die man als Kirchensteuer bezahlt,
lohnen.
Berührungsängste mit dem schnöden Mammon
sind in dieser Hinsicht fehl am Platz.
Die Kirchen brauchen Geld
sie sollen es gut einsetzen und das Gute auch zeigen.

Gleichzeitig aber
hat die Kirche ihr Kapital
im Wissen und Glauben,
dass nicht Geld die Welt regieren soll,
sondern,
ja, ich wage die grossen Worte,
Gerechtigkeit und Liebe.

In der Kultur und Pflege,
im Feiern und Einüben dessen,
was mit diesen zwei grossen Worten Liebe und Gerechtigkeit
gemeint ist,
liegt das wahrhafte Kapital der Religion.
Dieses Kapital ist in viele Münzen gewechselt,

und in den Kirchen sind einige davon im Umlauf,
davon bin ich überzeugt.
Einige sind mit der Zeit wertlos geworden,
einige gingen verloren und liessen sich wieder entdecken,
und einige haben ihren Wert behalten.
Diese Münzen werden so lange wertvoll bleiben,
wie sie einen Beitrag dazu leisten,
dass Menschen wahrnehmen,
wie uns Gott *die Ewigkeit ins Herz gelegt* hat.

Amen

Pergamenturkunde mit Stiftungsantrag, das Gotteshaus in Rümlingen zur Pfarrkirche zu erheben, 1501

Dies ist das Tor des Himmels
Predigt anlässlich der Einweihung der renovierten Kirche, 10. März 2002

Im Winter 2001 / 2002 wurde die Kirche Rümlingen erstmals seit 50 Jahren wieder einer gründlichen Innen- und Aussenrenovation unterzogen. Beim Einweihungsgottesdienst wählte ich als Grundlage der Predigt die Gründungslegende des Gotteshauses von Bethel, die Geschichte der Jakobsleiter. (Gen 28, 10-22)

10 Jakob aber zog weg von Beer-Scheba und ging nach Charan.
11 Und er gelangte an einen Ort und blieb dort über Nacht, denn die Sonne war untergegangen. Und er nahm einen von den Steinen des Ortes, legte ihn unter seinen Kopf, und an jener Stelle legte er sich schlafen.
12 Da hatte er einen Traum: Sieh, da stand eine Treppe auf der Erde, und ihre Spitze reichte bis an den Himmel. Und sieh, Boten Gottes stiegen auf ihr hinan und herab.
13 Und sieh, der HERR stand vor ihm und sprach: Ich bin der HERR, der Gott deines Vaters Abraham und der Gott Isaaks. Das Land, auf dem du liegst, dir und deinen Nachkommen will ich es geben.
14 Und deine Nachkommen werden sein wie der Staub der Erde, und du wirst dich ausbreiten nach Westen und Osten, nach Norden und Süden, und durch dich und deine Nachkommen werden Segen erlangen alle Sippen der Erde.
15 Und sieh, ich bin mit dir und behüte dich, wohin du auch gehst, und ich werd-dich in dieses Land zurückbringen. Denn ich verlasse dich nicht, bis ich getan, was ich dir gesagt habe.
16 Da erwachte Jakob aus seinem Schlaf und sprach: Fürwahr, der HERR ist an dieser Stätte, und ich wusste es nicht.
17 Und er fürchtete sich und sprach: Wie furchtbar ist diese Stätte! Sie ist nichts Geringeres als das Haus Gottes, und dies ist das Tor des Himmels.
18 Am andern Morgen früh nahm Jakob den Stein, den er unter seinen Kopf gelegt hatte, richtete ihn als Mazzebe auf und goss Öl darauf.
19 Und er nannte jenen Ort Bet-El; früher aber hiess die Stadt Lus.
20 Dann tat Jakob ein Gelübde und sprach: Wenn Gott mit mir ist und mich auf diesem Weg, den ich jetzt gehe, behütet, wenn er mir Brot zu essen und Kleider anzuziehen gibt
21 und wenn ich wohlbehalten in das Haus meines Vaters zurückkehre, so soll der HERR mein Gott sein.
22 Und dieser Stein, den ich als Mazzebe aufgerichtet habe, soll ein Gotteshaus werden, und alles, was du mir geben wirst, will ich dir getreulich verzehnten. *

* Die Bibelzitate dieses Buches folgen der Zürcher Bibel, tvz, Zürich 2007

Liebe Frauen und Männer, liebe Kinder,
liebe Festgemeinde

Diese Geschichte ist besonders häufig
im königlichen Heiligtum in Bethel erzählt worden.
An diesem Ort haben über viele Jahrhunderte religiöse Zeremonien stattgefunden.
Menschen aus dem ganzen Land kamen hierher zum Feiern.
Die Geschichte der Jakobsleiter bietet eine Erklärung,
warum das Heiligtum just in Bethel aufgerichtet worden ist.
Jakob entdeckt sozusagen zufällig,
dass es ein besonderer Ort ist,
an dem er sich zum Schlafen niedergelegt hat.
Fürwahr, der HERR ist an dieser Stätte, und ich wusste es nicht.
Wie furchtbar ist diese Stätte!
Sie ist nichts Geringeres als das Haus Gottes,
und dies ist das Tor des Himmels. Gen 28,16-17
Das sagt Jakob nach seinem Traum und gelobt,
hier ein Gotteshaus zu bauen.

Warum gerade in Rümlingen,
an dem Ort, an dem wir hier zusammen sind,
vor vielen hundert Jahren ein Gotteshaus gebaut worden ist,
weiss niemand.
Die Gründungslegende erzählt,
dass viele fanden,
auf dem Flüeli in Buckten wäre der bessere Platz für eine Kirche für die 5 Dörfer.
Auf dem Flüeli sei es sehr schön und es sei zentral gelegen,
haben sie argumentiert.
Als sie das Baumaterial bereitgestellt hätten,
wird berichtet,
habe aber die unsichtbare Hand Gottes entschieden
und am nächsten Morgen sei das Baumaterial in Rümlingen gelegen.
Das sei vom gläubigen Volk als Fingerzeig Gottes angesehen worden,
und so habe man in Rümlingen angefangen zu bauen.

Wer diese Gründungslegende hört,
wird sich vielleicht über die Schlitzohrigkeit
beziehungsweise über die Gutgläubigkeit der Leute Gedanken machen.
Oder er wird darüber sinnieren,
ob vielleicht mit Formulierungen wie
die ‚unsichtbare Hand Gottes'
oder ‚Fingerzeig Gottes'
etwas besonderes des Kirchenstandortes Rümlingen angedeutet ist.

Viele Menschen glauben,
dass es nicht zufällig ist,
wo die Alten ihre Heiligtümer und Kirchen hingebaut haben,
sondern dass es Orte der Kraft gibt,
besondere Plätze, an denen Energie und Wirkkräfte zusammenfliessen,
sodass Menschen dort auf spezielle Weise
in Beziehung zu göttlichen Kräften treten können.

Ich weiss nicht, wie sie das sehen.
Mich fasziniert, wie weit die Vorstellungen auseinander gehen,
warum ein Gotteshaus gerade dort steht, wo es steht.

Für die einen steht die Kirche auf einem Stück Land,
das jemand gern verkauft hat -
wohl eher zu teuer als zu billig
oder das wenig nützlich war,
weil es wohl immer wieder unter Wasser stand,
wenn der Häfelfingerbach nach einem Gewitter
die Wassermassen vom Horn- und Mettenberg nicht mehr aufnehmen konnte.

Für die anderen ist tatsächlich die ‚unsichtbare Hand Gottes' am Werk,
weil Menschen seinerzeit Ähnliches erlebt haben müssen,
wie einst Jakob in Bethel.
Das Gewahrwerden:
Der Herr wohnt an diesem Ort
und darum hat man seine Verehrungsstätte gerade da gebaut,
um ihm nahe sein zu können.

Für mich treffen beide Seiten,
die fromme und die schlitzohrige, da zusammen,
wo ich von einer Kirche träume, in der beides Platz hat:
Menschen mit ihrer ganzen Schlitzohrigkeit
und mit ihren religiösen Vorstellungen, Wünschen und Sehnsüchten.
Beides ist in uns allen vorhanden - davon bin ich überzeugt.

Ich glaube,
es lohnt sich, ein Gebäude für 830'000.- Franken zu renovieren,
wenn es Menschen hilft,
mit den dunkeln Seiten ihres Lebens leben zu lernen,
und wenn es Menschen hilft,
ihre Sehnsüchte nach mehr als dem, was man sieht und begreift,
ernst zu nehmen,
und nach Formen zu suchen,

wie sie etwas von dieser Sehnsucht gestalten können.
Ich habe die eine Seite salopp Schlitzohrigkeit genannt.
Ich meine natürlich damit nicht nur das,
worüber man schmunzelt,
sondern auch das, bei dem einem das Lachen vergeht.
Ich rede von Schuld,
davon, wie Menschen schuldig werden,
wie Mensche anderen weh tun,
sich verletzen,
wie Menschen Leben beeinträchtigen, ja zerstören können.

Vielleicht hat die Kirche in ihrer langen Geschichte
zu sehr ihre Aufgabe darin gesehen,
Menschen ihre Schuld unter die Nase zu reiben,
das Gewissen zu schärfen und Schuldgefühle zu wecken.
Als Verwalterin der Gnadenmittel gab solches der Kirche Macht.

Menschen distanzierten sich auch darum von der Kirche,
weil sie von niemandem hören wollten,
was alles an ihnen nicht recht sei.

Das ändert aber nichts daran,
dass viele Menschen allein gelassen werden mit ihren Gefühlen
und ihrem Bewusstsein, schuldig geworden zu sein:
schuldig gegenüber den Eltern,
schuldig gegenüber den Kindern,
gegenüber dem Partner oder der Partnerin,
gegenüber den Armen und Hungernden.
Schuldig durch das, was sie gemacht
und in dem, was sie unterlassen haben.

Da sehe ich eine der zentralen Aufgaben und Möglichkeiten der Kirche.
Sie soll ein Raum sein,
in dem Menschen in ihrer Schuldfähigkeit ernst genommen werden,
in dem man davon redet, was gut ist und was nicht,
wo man um Vergebung bitten
und Vergebung erfahren kann,
wo man erlebt, wie wir nicht festgenagelt sind auf das,
was nicht gut gelaufen ist in unserem Leben,
sondern sich Wege auftun,
weil wir so sind, wie wir sind
und so waren, wie wir waren.

Die Geschichte von Jakob und seiner Schuld an Bruder und Vater
und sein Erlebnis,
wie sich ihm der Himmel auftut
und damit ein Weg in die Zukunft aufgeht,
ist darum eine der ganz wichtigen Geschichten der Bibel.

Dabei ist das Bild, das sie nachzeichnet,
von ganz besonderer Kraft.
Eine Leiter verbindet die Erde mit dem offenen Himmel.
Himmelswesen gehen darauf auf und ab
und die göttliche Stimme sagt Jakob eine Zukunft zu:
Ich bewahre dich wo du hingehst
und lasse dich nicht im Stich.

Die Kirche soll ein Ort sein,
in dem Menschen mit ihrer religiösen Seite ernst genommen werden,
mit ihrer Sehnsucht nach mehr, als dem, was sie sehen und begreifen,
und mit ihren Ahnungen, die die Grenzen der Vernunft übersteigen.

Dabei leistet meines Erachtens das Gebäude Kirche selber einen Beitrag,
dass Menschen eingeladen werden,
ihre religiöse Seite zu entdecken und zu leben.

Dabei spielen ganz profane Dinge eine wesentliche Rolle.
Es muss vieles stimmen in einem Raum,
damit es einem wohl ist.
Und es gibt dabei einen ersten Eindruck und eine Gewöhnung.

Sie bilden sich selber ein Urteil darüber,
wie sie dieser Gottesdienstraum einlädt zum still sein,
die Gedanken schweifen zu lassen und den Gefühlen nachzuhängen
oder zuzuhören, zu singen, zu beten.
Sie befinden selber darüber,
wie sie dieser Raum durch seine Schönheit und Schlichtheit,
durch die lange Geschichte, die in ihm atmet
und durch die Menschen, die ihn beleben,
zur Hoffnung einlädt,
dass der Himmel auch über uns aufgehen kann,
immer wieder.

Und wenn ich die Kirche von aussen betrachte,
so möchte ich sie als Symbol dafür verstehen,
dass es noch eine andere Welt gibt, als die,

in der Menschen, Zeit und Material danach beurteilt werden,
welchen Nutzen sie abwerfen.

Die Kirche als Gebäude
mit all dem, was die Renovierung und der Unterhalt gekostet hat
und noch kosten wird,
drückt den Willen aus
sich nicht auffressen zu lassen von den Ansprüchen an Wohlstand
und wirtschaftliches Fortkommen.

Alle leiden wir
an einem gnadenlosen Konkurrenzkampf und Leistungsdruck
und gleichzeitig profitieren wir davon.
Manche aber profitieren masslos
und andere leiden unerhört.
Es braucht unbedingt Symbole dafür,
dass dies nicht das Einzige ist.

Obwohl auch für die Renovierung der Kirche eine grosse Leistungsbereitschaft
und viel Fachkompetenz von Handwerkern, Architekten und anderen nötig war,
und obwohl sich auch hier die Spirale von Konkurrenzdruck und Schnelligkeit
gedreht hat,
in der alles möglichst gut und günstig sein muss,
muss die Kirche als Gebäude Symbol sein für etwas,
das weiter ist, als diese vielgestaltige Spirale.
Und sie soll in vielerlei Hinsicht auch dagegen stehen.

In Rümlingen scheint mir das noch auf ganz spezielle Weise der Fall zu sein.
Die Kirche steht mitten drin.
Es gab eine Zeit,
da stand die Kirche allein auf weiter Flur,
mit freier Sicht auf den Sonnenaufgang.

Und dann kam das Viadukt,
Ausdruck der 1. industriellen Revolution,
kein Blick gegen Osten kann es übersehen.
Die Autobahn,
die unmittelbar neben der Kirche mitten durch den Friedhof gehen sollte,
konnte zum Glück verhindert werden,
ebenso wie die Führung der Strasse nach Häfelfingen,
die so nahe an der Kirche vorbei geplant war,
dass das Beinhaus hätte abgerissen werden müssen.

Aber die Strasse als Inbegriff des Tempos,
in dem alles geschehen muss,
führt seit eh und je neben und vor der Kirche vorbei.

Die Kirche Rümlingen
- wie eine Kirche überhaupt -
ist für mich Symbol dafür,
das es ausgesparte Räume braucht.
Orte, die sich dem Sog nach immer schneller und immer mehr entziehen,
Orte, die für eine Welt stehen, in der andere Werte zählen
und ein anderer Geist weht.

Jesus hat dieses Andere Barmherzigkeit genannt,
Sanftmütigkeit,
Gerechtigkeit,
Reinheit des Herzens.
Er hat dies mit *Reich Gottes* auf den Begriff gebracht.

Es wäre schön,
wenn man,
ob schlitzohrig oder fromm oder beides,
an der Kirche Rümlingen vorbeifahren könnte,
oder ihr Geläut hören würde mit dem Gedanken:
Ja, es gibt noch Anderes, als das, was mich gerade treibt,
es gibt nicht nur meine Kraft,
sondern auch die Kraft Gottes und sein Versprechen:

Und sieh, ich bin mit dir und behüte dich, wohin du auch gehst. (Gen 28,15)

Amen

Über Nutzen und Schaden von Religion
Predigt über Micha 6, 6-8, Reformationssonntag, 4. November 2008

Die Predigt geht der Frage nach, inwiefern ökonomischer Nutzen beziehungsweise Schaden ein Kriterium für Religion sein kann.

6 Mit welcher Gabe soll ich vor den HERRN treten,
mich beugen vor dem Gott der Höhe?
Soll ich mit Brandopfern vor ihn treten,
mit einjährigen Kälbern?
7 Gefallen dem HERRN Tausende von Widdern,
ungezählte Bäche von Öl?
Soll ich meinen Erstgeborenen hingeben für mein Vergehen,
die Frucht meines Leibes als Sündopfer für mein Leben
(Möglich ist auch die Übersetzung: ‚..., die Frucht meines Leibes für meine Sünde')
8 Er hat dir kundgetan, Mensch, was gut ist,
und was der HERR von dir fordert:
Nichts anderes, als Recht zu üben und Güte zu lieben
und in Einsicht mit deinem Gott zu gehen.

Liebe Gemeinde

Nützt Religion, oder schadet sie?
Welche Religion nützt, und welche schadet?
Wem nützt Religion und wem schadet sie?

Vor nicht allzu langer Zeit dachte man,
diese Frage erledige sich im Zug der Entwicklung der Menschheit
von selber.

Offensichtlich wurde,
wie Religion Menschen auf verschiedene Weise schaden kann.
Der heutige Bibeltext weist uns auf den wirtschaftlichen Schaden hin,
den Religion verursachen kann.

Wenn wir erfahren,
dass Menschen erwägen,
das Beste ihrer landwirtschaftlichen Produktion zu verbrennen
oder auszugiessen,
um sich ihrem Gott zu nähern,
wenn wir sehen,

wie Menschen bereit sind,
einjährige Kälber, die Tiere mit dem besten Fleisch,
für Gott zu opfern,
oder tausende von Widdern,
- falls diesem Gott mehr Quantität Eindruck machen sollte, als Qualität,
oder ungezählte Bäche von Öl,
- gemeint ist Olivenöl, das Gold jener Region -
wenn wir also erfahren,
wie Menschen bereit sind,
für ihren Gott grosse materielle Werte zu vernichten,
dann schütteln wir den Kopf.

Solches schadet der Wirtschaft, wissen wir,
weil wir die Rechnung kaum nachvollziehen können,
dass sich ein Gott dank dieser Gaben gnädig stimmen lässt,
und drohendes Unheil abwendet.
Wäre dem so, wären die einjährigen Kälber,
die Tausende von Widdern und die Bäche von Öl
gut investierte Gaben.

Aus unserer Sicht nützt solche Religion vielleicht den Priestern,
die sich am Opferfleisch satt essen,
oder den Händlern und Wechslern im Tempel,
aber gesamtwirtschaftlich gesehen ist dieses Treiben ein Schaden,
hemmt den wirtschaftlichen Fortschritt
und ist somit auch Ursache von Armut und Hunger im Land.

Wir Reformierten sehen uns dadurch an den Ablasshandel im Mittelalter erinnert,
wo man sich das Seelenheil erkaufen konnte,
und mit Angst machen den Menschen das Geld aus der Tasche gezogen wurde,
anstatt es sinnvoll für den Kampf gegen die Armut einzusetzen.

Diese Kritik an aufwändigem, teurem, verschwenderischem religiösem Treiben,
das gegen den gesunden Menschenverstand geht,
gehört zu unserer Tradition
und es geht wohl vielen von uns wie der Journalistin Laurence Deonna,
einer Genfer Protestantin,
die im Interview für das Buch *Die Reformierten: Suchbilder einer Identität** sagte:

Diese Toten auf den Trottoirs von Calcutta,
die am Morgen von Camions eingesammelt werden,

* Die Reformierten: Suchbilder einer Identität. M. Krieg, D. Zangger - Deron (Hg.) tvz, Zürich, 2002

und dazwischen die heiligen Kühe,
die den Verkehr blockieren,
so etwas schockiert mich zutiefst.

Ja, wir wissen, Religion kann schaden.
Heilige Kühe, die den Verkehr blockieren, können ein Bild für Religion sein,
die Menschen in ihrem wirtschaftlichen Fortkommen blockiert,
und damit ein Grund dafür sein,
dass in weiten Teilen der Welt die Armut grassiert.

Wir kennen das aus unserer eigenen Geschichte,
wie der wirtschaftliche Fortschritt
namentlich in den reformierten Gebieten
mit der Aufklärung und dem schwindenden Einfluss der Kirchen zusammenging
und wie die Entchristlichung unserer Gesellschaft
mit den Wirtschaftswundern der Nachkriegszeit zusammenhängt.
Und wir sehen,
wie etwa islamische Gesellschaften,
geprägt von religiösen Diktaten,
zu den Verlierern der globalisierten Wirtschaft gehören.

Mit welcher Gabe soll ich vor den Herrn treten,
soll ich mit Brandopfern vor ihn treten, mit einjährigen Kälbern
Gefallen dem Herrn tausende von Widdern
ungezählte Bäche von Öl?

Mit diesen Worten sehen wir eine religiöse Welt vor uns,
die wir ablehnen,
gerade auch aufgrund der religionskritischen Tradition der Reformierten.

Aber, so müssen wir uns fragen,
wie ist es möglich,
das Kind nicht mit dem Bade auszuschütten?

Wie ist es möglich,
sich des möglichen und effektiven Schadens von Religion bewusst zu sein,
ohne sie abzulehnen?

Wie ist es möglich, Religion zu leben,
ohne – im wirtschaftlichen Sinne - zu schaden?

Ich glaube, es ist nicht möglich!

Ich glaube, damit Menschen ihre religiöse Dimension leben können,
braucht es Opfer,
auch wirtschaftliche.

Auf derselben Argumentationslinie nämlich,
wie man die Opferung von einjährige Kälbern als Verschwendung von Ressourcen
und Schaden am Bruttoinlandprodukt deklarieren kann,
ist der Schutz des Sonntags als grundsätzlich arbeitsfreier Tag
als Schaden zu betrachten.

Man kann ausrechnen,
um wie viele Prozentpunkte das BiP wachsen könnte,
würde man den Sonntag zum Werktag erklären,
und was es ausmachte,
wenn man auch noch die kirchlichen Feiertage dazu nähme.
Man könnte studieren, wie viel besser Kinder z.B. Französisch lernen würden,
wenn man ihnen anstelle des Religionsunterrichts
eine Lektion Französisch mehr böte.
Und mit demselben Denkmodell könnte man ausrechnen,
wie viel all die Massnahmen zum Schutz der Umwelt kosten,
und wie viel konkurrenzfähiger wir wären,
wenn wir den chinesischen Standard übernähmen.

Wir könnten ausrechnen, wie viel günstiger die Lagerung von radioaktiven Abfällen
irgendwo in einem korrupten Land Afrikas zu stehen käme
weil wir so die teure Arbeit der Nagra einsparen könnten.

Man könnte ausrechnen,
wie viel man im Gesundheitswesen einsparen würde,
und wie viel die Krankenkassenprämien sänken,
wenn Kinder mit gewissen Krankheiten gar nicht auf die Welt kämen,
und die Alten nicht so alt würden.

Sie merken, wir kommen in Teufels Küche.

Eine Bedeutung des Wortes Religion geht auf das lateinische Wort religare zurück,
das meint *rück-binden*, *anbinden*
beziehen auf.
Wir können nicht leben,
wenn wir unser Leben nicht *rück-binden*, *auf etwas beziehen*,
das grösser ist als wir selbst.

Da greifen wirtschaftliche Kriterien oft zu kurz.

Es ist Religion, wenn wir sagen,
wir müssen etwas gegen die Klimaerwärmung unternehmen,
und können nicht weiter den Zusammenhang mit unserem Lebensstil leugnen.
Es ist Religion, wenn wir sagen,
es geht nicht, dass wir unseren Dreck in der dritten Welt entsorgen,
oder es geht nicht,
dass wir nach einem bestimmten Katalog von genetischen Defekten entscheiden,
dieses Leben sei lebenswert, die Krankenkasse zahlt,
und jenes sei es nicht, die Krankenkasse zahlt nicht.

Religion ist es, weil wir uns damit *rück-binden*,
an etwas, das wir nicht selber sind,
und das ökonomische Massstäbe übersteigt.

Religion ist eine Kulturleistung,
sie kommt nicht einfach so in den Menschen.
Jede Kulturleistung braucht Opfer.

Darum ist die Frage unseres Bibeltextes aus dem 8. Jahrhundert vor Christus,
die an den Propheten Micha gestellt wird,
immer noch aktuell:
Mit welcher Gabe soll ich vor den Herrn treten?

Übersetzt auf heutige Verhältnisse kann sie vielleicht heissen:
Was bin ich bereit zu tun,
das nicht nur mir und meinem persönlichen Fortkommen nützt?
Wo übernehme ich Verantwortung dafür,
dass neben mir noch Milliarden anderer Menschen leben wollen
und es auch nach mir noch eine lebenswerte Welt geben soll?

Oder auch: Wo brauche und finde ich Inseln,
auf denen ich herausgenommen bin aus dem Sog,
in dem ich immer mehr produzieren, leisten, konsumieren und darstellen muss?

Hören wir die Antwort von Micha,
und überlegen wir, ob sie eine Antwort auf unsere Fragen sein kann:

Micha sagt:

Er hat dir kundgetan, Mensch, was gut ist,
und was der HERR von dir fordert:
Nichts anderes, als Recht zu üben und Güte zu lieben
und in Einsicht mit deinem Gott zu gehen.

Drei Dinge machen Religion für Micha aus:

Zuerst die Geschwister Recht und Güte.
Es braucht zur Zeit eine dicke Haut
sich darüber öffentlich Gedanken zu machen,
weil man von gewissen Leuten
schnell der *Gutmenschenmafia*
und der *Moralguerilla* zugerechnet wird.
Sei's drum:
Der biblische Anstoss ist,
dass das Recht, also die Justiz, dazu da ist,
die Schwächeren zu schützen,
dass es die Stärke des Stärksten braucht,
um den Schwächeren zu ihrem Recht zu verhelfen
und sie vor Stärkeren und ihren Ansprüchen und Gelüsten zu schützen.
Die Forderung nach einer unabhängigen, starken Justiz
hat auch biblische Wurzeln.
Weder Strafe, noch Abschreckung noch Rache
sind das Zentrum der Justiz,
sondern Kern des Rechts
ist der Schutz und die Wahrung der Rechte des Einzelnen,
zumal der Schwächsten: der Witwen und Waisen und Fremdlinge.

Das finde ich einen bemerkenswerten biblischen Hinweis gerade auch im Blick auf aktuelle Diskussionen bezüglich der Justiz in unserem Land.

Er hat dir kundgetan, Mensch, was gut ist,
Nichts anderes, als Recht zu üben ... und die Güte lieben

Recht allein genügt im biblischen Sinn nicht.
Recht ist erst recht,
wenn es verschwistert ist mit Güte.
Das ist ein Kern auch der jesuanischen Botschaft.
Erwähnt sei wieder das Gleichnis von den Arbeitern im Weinberg,
bei dem alle einen Denar als Lohn bekommen,
obwohl nicht alle gleich lang gearbeitet haben (Mt 20, 1-16).
Aus einem bestimmten Blickwinkel gesehen ist das nicht gerecht,
aber es ist gütig.
Und es zieht die Frage mit sich:
Wäre es gerecht, wenn eine Familie hungern müsste,
weil dem Vater niemand den ganzen Tag lang Arbeit gab
und er nicht genug verdienen konnte, um seine Familie anständig zu versorgen?
Wäre das gerecht?

Ein schönes Beispiel diesbezüglich stand letzte Woche in der Zeitung:
Der Pastafabrikant Enzo Rossi versuchte mit dem Lohn eines Fabrikarbeiters von 1'000 Euro im Monat auszukommen.
Doch schon am 20. des Monats waren die 1000.- Euro restlos aufgebraucht.
Er befand, dass es unverantwortlich sei,
seinen Angestellten ein solches Leben zuzumuten,
und erhöhte allen 20 Mitarbeitern den Lohn um 200 Euro.
Der Lohn von 1'000 Euro wäre zwar rechtens gewesen,
aber die Güte sagte ihm, dass er nicht recht ist.
Das öffnet ein weites Feld.

Er hat dir kundgetan, Mensch, was gut ist,
Nichts anderes, als Recht zu üben und Güte zu lieben
... und in Einsicht mit deinem Gott zu gehen.

In Einsicht mit deinem Gott gehen
was ist das?
Ein Teil davon ist, einzusehen,
dass Gott nicht nach dem Marktprinzip funktioniert.
Weder mit der Opferung einjähriger Kälber, mit Widdern und Ölen
noch mit Recht üben und Güte lieben kann man sich die Zuwendung Gottes
und den Schutz von ihm erkaufen.
Man muss damit leben,
dass Gesundheit, Glück und Wohlergehen
für den Frommen ebenso unverfügbar sind, wie für den Schurken.
Das halte ich für eine zentrale Erkenntnis,
gerade in unserer reformierten Tradition.

Gottesdienste feiern, Beten und Singen,
so schön und feierlich es auch sein mag,
alle guten Werke der Gerechtigkeit und Güte, die wir tun können,
geben keine Gewähr, dass es uns gut geht.

Warum sollen wir sie dennoch tun?
Weil es unserem Menschsein entspricht,
wie das Lachen und Weinen,
das Spielen, das Gefallen-Wollen und das Neugierig-Sein.

In Einsicht mit deinem Gott gehen
ist mitunter die Einsicht in sich selbst: Selbsterkenntnis,
Einsicht der Gefährdung des Lebens,
Einsicht in die vielen Quellen von Freude und Hoffnung,
die es gibt, und die man sich nicht selbst erschliessen kann;

Einsicht in die Bedürftigkeit,
Einsicht in das Wunder,
dass man lebt,
das Wunder, dass nicht nichts ist,
sondern eine Welt voll Schönheit
und das Wunder,
dass wir Menschen Sinn für Wunder haben.

Daraus kann die Ahnung wachsen und vielleicht sogar die Einsicht,
dass auch die Kraft lebt,
die die Bibel Gott nennt,
und dass wir uns ihr nähern dürfen, wie wir sind,
mit leeren Händen,
ohne Kälber, Widder und Ölen,
aber mit dem Bewusstsein,
dass wir mit *Recht üben und Güte lieben* ihr am ehesten auf die Spur kommen
und mithelfen, ihre Spur in die Welt zu zeichnen,
sodass Religion tatsächlich vielen nützt.

Amen

Erhalt uns Herr bei deinem Wort
Predigt vom 11. November 2007

In diesem Gottesdienst kam die Kantate Erhalt uns Herr bei deinem Wort *von Dieterich Buxtehude zur Aufführung (BuxWV 27). Bezug nehmend auf die ursprüngliche Fassung des Textes von Martin Luther, in der es heisst:* Erhalt uns Herr bei deinem Wort und steur des Papst und Türken Mord *denke ich über die Wurzeln einer Islamphobie in der westlichen Welt nach. Politische Aktualität hat die Lancierung der Minarettinitiative, die Minarette in der Schweiz generell verbieten will.*

Liebe Gemeinde

Die Grundlage für die Kantate von Dieterich Buxtehude
sind zwei Choräle des Reformators Martin Luther
Erhalt uns Herr bei deinem Wort
und
Verleih uns Frieden gnädiglich.

Beide Choräle hatten sich im 16. Jahrhundert schnell verbreitet
und wurden viel gesungen.
Zur Zeit Buxtehudes, 150 Jahre später,
waren sie fester Bestandteil des reformierten Liedgutes.
Auch der grosse, jüngere Zeitgenosse von Buxtehunde,
Johann Sebastian Bach hat eine Kantate aus diesen Chorälen gemacht
und beide Lieder sind noch heute in den Gesangbüchern der deutschsprachigen evangelischen Kirchen zu finden,
so auch in unserem Reformierten Gesangbuch (RG 255 und 332).

Allerdings handelt es sich dabei um ein schwieriges Erbe.

Martin Luther hat seinem
Erhalt uns Herr bei deinem Wort die Überschrift gegeben
Ein Kinderlied zu singen wider die zween Erzfeinde Christi
und seiner Heiligen Kirchen, den Babst und Türken.
Unter diesem Titel kam es schon 1545 in das Gesangbuch
Geystliche Lieder von Leipzig heraus.

Die ursprüngliche Fassung des Liedes,
so wie sie auch Buxtehude und Bach später singen liessen, hat geheissen:

Erhalt uns Herr bei deinem Wort
und steur des Papst und Türken Mord.

Das ist mehr als ein etwas verunglückter Reim.
Für uns ist es nicht ganz einfach zu verstehen,
was solche Worte in der Kirche verloren haben
und was es auf sich hat,
wenn ein solcher Gewaltaufruf im Gewand schönster Musik daher kommt.

Führen wir uns vor Augen,
dass Martin Luther dieses Lied 1542,
drei Jahre vor seinem Tod, geschrieben hat.
Er ist voller Sorge um seine Kirche und die Christenheit.
Das Lied benennt die zwei Fronten, die alles bedrohen, was ihm heilig ist.

Da ist der Papst:
Luther sieht in ihm den Antichristen aus der Apokalypse.
Die Gegenreformation ist in vollem Gang, auch mit militärischen Mitteln,
der schmalkaldische Krieg steht bevor,
den Kaiser Karl V mit Unterstützung des Papstes
gegen die reformierten Stände führen wird.

Auf der anderen Seite steht das,
was man die Türkengefahr genannt hat.

Das Osmanische Reich hat sich seit dem 14. Jahrhundert ständig ausgedehnt,
und begann, den südöstlichen Mittelmeerraum ganz zu beherrschen.
Immer mehr kamen früher christliche Gebiete unter islamische Herrschaft.

Papst Johannes XII hatte schon 1322 das Gebet in der Türkengefahr verordnet,
ein Gebet mit den Worten, aus denen Luther sein Lied
Verleih uns Frieden gnädiglich gemacht hat.
Als 1456 das christliche Konstantinopel von den Osmanen erobert
und die Hagia Sophia, die wunderbare Kirche und Stolz der östlichen Christenheit,
zu einer Moschee umgewandelt wurde,
sahen darin viele den Anfang des Endes der abendländischen Christenheit.

Der Papst bestimmte, dass die Kirchenglocken jeden Tag am Mittag läuten müssen,
zur Erinnerung an die Türkengefahr und als Aufruf,
für einen Sieg der christlichen Truppen gegen die Osmanen zu beten.

1529, im Jahr, als Luther sein
Verleih uns Frieden gnädiglich gedichtet hat,
sind die Osmanen vor Wien gestanden,
und es sah so aus, als könnte kein christliches Heer sie zurückdrängen.
Auch diese Gefahr hat Luther in apokalyptischer Dimension gesehen.

In der Schrift *Heerpredigt wider die Türken* schreibt er:
Denn die zwei Reiche des Papstes und der Türken
sind die letzten zwen Grewel und Gottes Zorn,
wie sie die Apokalypse nennt,
den falschen Propheten und das Thier.

Als Teil des Kampfes gegen die beiden Fronten
hat Luther jetzt eben seine beiden Choräle gedichtet:
Erhalt uns Herr bei deinem Wort
und
Verleih uns Frieden gnädiglich.

150 Jahre später sind die beiden Lieder, die die gleiche Angst geboren hatte,
so nahe zusammengerückt,
dass Buxthude sie miteinander in einer Kantate singen liess.
Und die Gründe der Angst von Luther
sind 150 Jahre später nicht aus der Welt geschafft.
Dieterich Buxtehude ist im Dreissigjährigen Krieg geboren,
in dem die konfessionellen Gegensätze eine zentrale Rolle gespielt haben,
und seine Kantate datiert von 1687,
1683 sind die Osmanen noch einmal bis vor Wien gekommen
mit der Absicht, es zu erobern.

Die Angst Luthers und seiner Zeitgenossen
war also auch die Angst Buxthudes und seiner Zeitgenossen.

Ich denke, es wäre zulässig,
dass dieser geschichtliche Hintergrund
unter dem Mantel der Schönheit der Musik verborgen bliebe
und man das Anstössige des
steur des Papst und Türken Mord
übersänge, beziehungsweise überhörte.

Es gibt verschiedene Zugänge zu geistlicher Musik.

Da es sich bei diesen Chorälen und Kantaten aber
nicht nur um unser musikalisches,
sondern auch um unser geistiges Erbe handelt,
kann es von grossem Gewinn sein, genauer hinzuhören,
weil nämlich das geistige Erbe in vielem präsent geblieben ist,
und in vielem entblösst ist vom Mantel der Schönheit.

Dass unser Elfuhrglöcklein

das Mittagsgeläut auf das Türkengeläut
in der sogenannten *Türkengefahr* zurückgeht,
ist wahrscheinlich den wenigsten bewusst,
und vielleicht fast ebenso unbewusst sind die tiefen Wurzeln
eines Unbehagens gegenüber der islamischen Welt bei uns.

Das Schlagwort *Kampf der Kulturen* geht um,
und meint hauptsächlich den Konflikt zwischen dem christlich geprägten Westen
und der islamischen Welt.
Der 11. September gilt als Wendepunkt in der neueren Geschichte
und ein grosser Teil der kriegerischen Auseinandersetzungen
in jüngster Vergangenheit
sind Konflikte, in denen Christen auf der einen,
und Muslime auf der anderen Seite stehen.
Die muslimischen Bosnier gegen die christlichen Serben,
die Russen gegen die Tschetschenen,
und vor allem natürlich die USA mit westlichen Verbündeten gegen den Irak
oder gegen die Taliban in Afghanistan.

Unsere Sicht dieser Konflikte,
die Art der Berichterstattung durch die Medien,
und wie wir uns einen Reim darauf machen,
ist nicht unabhängig von Jahrhunderte alten Ressentiments zu verstehen,
die ihre Wurzeln auch in der sogenannten Türkengefahr haben.

Wenn heute die Forderung eines Verbotes von Minaretten auftaucht,
wenn das Tragen von Kopftüchern in der Schule oder am Arbeitsplatz
verboten werden soll,
wenn es nicht möglich wird,
dass Muslime bei uns ihre Toten rite bestatten können,
so wie sie selbst rite definieren,
dann erkennen wir, dass die Religionsfreiheit,
eine Errungenschaft des modernen Rechtsstaates,
auf einmal wieder zur Disposition steht,
und Ängste da sind,
die bereit machen,
errungene Freiheiten wieder aufzugeben.

Um es klar zu sagen:
ich bin ganz und gar gegen diese Verbote,
insbesondere was das Verbot von Minaretten betrifft!
Und die, die sie im Namen ihrer Christlichkeit fordern,
müssen wissen, dass sie die Kirchen nicht hinter sich haben.

Sie definieren Christlichkeit an den Stimmen der Kirchen vorbei.

In gewisser Weise haben sie vielleicht Martin Luther hinter sich,
der die muslimischen Osmanen als Erzfeinde betrachtete.
Auch Luther ist in vielem ein Kind seiner Zeit geblieben,
und seine Zeit ist nicht weit weg vom Mittelalter.

In vielerlei Hinsicht aber ist Martin Luther auch eine Lichtgestalt
und kann uns wichtige Impulse geben, auch mit seinen Liedern
Erhalt uns Herr bei deinem Wort
und
verleih uns Frieden gnädiglich

Das erste ist sein tiefes Misstrauen gegenüber menschlicher Macht.
Das ist der tiefere Grund dafür, dass er seinen Choral *ein Kinderlied* nennt,
und ihn auch so schlicht, wie andere Kinderlieder gestaltet,
mit vier einfachen Zeilen pro Strophe,
die man sich gut merken kann.

Dem Inhalt nach ist es ein Gebet:
Erhalt uns!

In der Notsituation, in der alles bedroht scheint,
kann nur noch ein Kindergebet helfen.
Einen grösseren Gegensatz
als militärische Gewalt und ein Kindergebet gibt es nicht.
Das ist Luthers Überzeugung:
es gibt keinen anderen Weg,
als von Gott allein die Wende zum Guten zu erwarten,
Weder eine Armee noch eine andere menschliche Macht vermag dies.

Es ist doch ja kein anderer nicht
der für uns könnte streiten.
heisst es im *Verleih uns Frieden gnädiglich*.

Dabei ist von Bedeutung, dass Martin Luther um die Erhaltung *des Wortes* betet.

Die freie Verkündigung des Evangeliums,
das Wort der Bibel, das frei und unverfälscht gesagt wird,
trägt Früchte.
Davon ist Luther überzeugt.
Der Papst und die Türken sind Erzfeinde in seiner Sicht,
weil sie den freien Lauf des Evangeliums behindern,

weil sie aus Jesus einen blossen Propheten machen, was die Muslime,
und was den Papst betrifft, weil er neben das Wort der Bibel
frei erfundene Heilsmittel setzt.

Wir leben in einer ganz anderen Zeit als Luther und Buxtehude.
Die Welt ist zusammengewachsen,
Muslime sind Teil unserer Kultur,
ohne Arbeitskräfte aus islamischen Ländern
könnte unsere Wirtschaft nicht funktionieren.
Wir müssen einen Weg des Zusammenlebens finden
und dazu gehört die Religionsfreiheit.

Die Bitte *erhalt uns Herr bei deinem Wort*
ist für mich darum weniger bedingt durch die Angst,
dass ein äusserer Feind das Wort bedrohen oder unterwandern könnte.
Dass Minarette etwa einen Herrschaftsanspruch des Islam symbolisieren könnten,
und die Kirchtürme verdrängen,
davor habe ich keine Angst.

Angst habe ich eher davor, dass die Kirchtürme von selber einfallen,
weil immer weniger Leute das hören wollen,
was in den Kirchen gesagt wird.

Was im Vakuum entsteht, das die entvölkerten Kirchen hinterlassen,
ja, das macht mir schon Sorgen.

Eine Gesellschaft,
die aus sich an sich selbst
und ihren materiellen Bedürfnissen orientierten Individuen besteht
und keine Orte gemeinschaftlicher Orientierung mehr findet,
entleert sich selbst.

Die Angst vor dem Islam,
wie auch die Faszination für ihn,
wachsen auf gleichem Nährboden,
nämlich der Sinn- und Wertentleerung unserer nachchristlichen Gesellschaft,
unter dem Diktat von Produktion und Konsum.

Erhalt uns Herr bei deinem Wort
ist für mich darum zuerst die konservative Bitte,
dass die biblischen Geschichten,
die Botschaft von Jesus Christus,
erhalten bleiben mögen in unserer Gesellschaft;

dass die Werte,
die Lebensfreude und der Halt,
die mit den biblischen Geschichten tradiert wurden,
und unsere abendländische Gesellschaft mitgebildet haben,
erhalten bleiben,
und nicht verdrängt werden von Geschichten,
die nur vom Recht des Stärkeren zu erzählen wissen.

Und dann suche ich mit dem Choral
Erhalt uns Herr bei deinem Wort das Vertrauen in die Kraft des Wortes.
Wir werden ja überschwemmt von Bildern
und marktschreierischen Worten,
die etwas *von* uns wollen.
Die Bibel bietet Worte, die etwas *für* uns wollen,
nämlich: die frohe Botschaft sagen,
dass Gott, Gott ist und bleibt,
und zwar ein Gott für uns.

In diesem Vertrauen können wir dann bitten,
wie wir es mit dem nächsten Lied tun:
Befiehl dem Engel dass er komm
und uns bewach dein Eigentum
und es gibt hoffentlich Momente, die uns sagen lassen:
So schlafen wir im Namen Dein
*dieweil die Engel bei uns sein.**

Amen

* Zitat aus Buxtehudes *Befiehl dem Engel, dass er komm* (BuxWV 10)

Jauchzet dem Herrn alle Länder
Predigt über Psalm 100, 26. August 2008

Im kleinen Dorf Rümlingen findet seit mehr als 20 Jahren im Sommer ein Festival für neue Musik statt. Im Jahr 2008 stand unter dem Titel Himmeln *die menschliche Stimme im Mittelpunkt. Es fanden in und um die Kirche Rümlingen eine Reihe von Konzerten statt, in denen Künstler sangen, flüsterten, schrien, jauchzten, hauchten stammelten ...*
Ich nahm dieses Thema in der Predigt zum Anlass, über Psalm 100 und das gesungene Gebet nachzudenken.

1 Ein Psalm zum Lobopfer.
Jauchzt dem HERRN, alle Länder.
2 Dient dem HERRN mit Freuden,
kommt vor sein Angesicht mit Jubel.
3 Erkennt, dass der HERR allein Gott ist.
Er hat uns gemacht, und nicht wir selbst,
sein Volk sind wir und die Schafe seiner Weide.
4 Kommt zu seinen Toren mit Dank,
in seine Vorhöfe mit Lobgesang,
dankt ihm, preist seinen Namen.
5 Denn der HERR ist gut, ewig währt seine Gnade
und seine Treue von Generation zu Generation.

Liebe Gemeinde

Was tun Tiere, wenn sie sich freuen?
Hunde wedeln mit dem Schwanz, wenn Herrchen kommt;
Kälber galoppieren mit Luftsprüngen über die Weide,
wenn sie im Frühjahr endlich wieder hinaus dürfen;
Pferde wiehern und Schweine haben ein eigenes Freudengrunzen.
Was tun Menschen, wenn sie sich freuen?

Wir haben ein grösseres Repertoire Freude auszudrücken.
Dazu gehört das Singen, seit unseren Anfängen.
Der wahrscheinlich älteste Teil der Bibel ist ein Lied,
das Mirjamlied im 2. Buch Mose.

Singen will ich dem Herrn,
denn hoch hat er sich erhoben,
Ross und Reiter warf er ins Meer.

Das Lied drückt die Freude aus über die Rettung am Schilfmeer,
als das Volk der ägyptischen Armee durch ein Wunder entronnen ist,
und so den Weg aus der Sklaverei in die Freiheit antreten konnte.
Singen will ich dem Herrn
Die Freude über die Rettung,
die Erleichterung und Entspannung nach der Anspannung in höchster Gefahr,
das Aufatmen
sucht sich von innen einen Weg nach aussen,
und das Lied entsteht wie von selbst,
wenn der Atem an den Stimmbändern vorbei
durch den Mund ins Freie dringt.

Und dieser Drang des Atems nach aussen
- ein körperliches Ereignis -
ergreift auch die Seele, den Geist des Menschen.

Er merkt:
Ich bin gerettet.
Ich lebe, das Herzklopfen verebbt,
der Atem wird ruhiger,
und der Mensch fragt:
was ist geschehen?
Der Geist will verstehen und sich einen Reim auf sein Leben machen.
Und das gebiert die Erkenntnis,
die der Psalm 100
schlicht so umschreibt:

Erkennt dass der Herr allein Gott ist,
er hat uns gemacht
und nicht wir selbst.

Selbsterkenntnis und Gotteserkenntnis
sind hier die zwei Seiten desselben.
Am Anfang aller Religion steht die Erkenntnis,
nicht wir selbst;
nicht wir selbst haben die ägyptischen Krieger besiegt,
nicht wir selbst ziehen die Sonne übers Firmament,
nicht wir selbst bescheren uns das Jagdglück oder das Glück in der Liebe,
nicht wir selbst lassen die Flügel der Morgenröte bis zum äussersten
Meer gleiten
und nicht wir selbst geben uns den Atem,
der uns leben und singen lässt.

Dieses *nicht wir selbst* schafft den Glauben an Götter,
an Gott im Menschen.
Nicht wir selbst haben die Ägypter besiegt
Er war es
Ross und Reiter warf Er ins Meer
darum:
singen will ich dem Herrn!

Der Ausdruck der Freude findet eine Adresse
und wird zur Dankbarkeit.
Dank Gott bin ich gerettet, dank Gott lebe ich,
Gott sei Dank,
und so wird aus dem Singen als Ausdruck der Freude
ein *dem Herrn* Singen,
dem Herrn, dem man Rettung und Leben verdankt.

Was für eine ungeheure Energie dieses *eine Adresse finden,*
dieses *dem Herrn singen* freigesetzt hat,
bezeugt der biblische Psalter mit seinen grossartigen Dichtungen,
und bezeugen die einzelnen Perlen auf der langen Kette von
Lobliedern zur Ehre Gottes,
die Magnificat, die Gloria in excelsis Deo,
die Sanctus und Benedictus,
das ganze Halleluja (hebr. Lobt Gott) der jüdisch christlichen
Tradition.
Menschen schufen sich in der abendländischen Kultur
- wie anderswo auf andere Weise -
damit ein Repertoire des Ausdruckes dessen, was ihr Herz erfüllt,
und nach aussen dringen will.

Ein Gedanke, der mich dabei besonders fasziniert ist,
dass Gott,
den wir in der biblischen Tradition suchen,
dieses Singen gefällt.

Selbstverständlich ist das nicht.
Man könnte sich vorstellen,
dass er lieber den himmlischen Chören der Engel zuhört,
oder der moderne Mensch fragt gar nicht, was Gott gefällt und freut,
sondern was ihm selbst gefällt und Freude bereitet.

Dass singen gut tut und Freude bereitet,
gehört für viele zu den wichtigen Entdeckungen ihres Lebens, auch für mich.

Viele teilen die Erfahrung des Volksliedes
Hab oft im Kreise der Lieben mir ein Liedlein gesungen
und alles, alles war wieder gut.

Die Bibel muntert nun aber nicht nur dazu auf,
mir ein Liedlein zu singen,
sondern *singt dem Herrn!*
Die Bibel ruft zum Gottesdienst.
Mit dem Psalm 100 gesprochen:
jauchzt dem Herrn alle Länder,
dient dem Herrn mit Freuden.

Dahinter steht das Bild eines Gottes,
der eben Freude hat am Jubilieren und Jauchzen der Menschen,
der Freude hat, wenn Menschen das tun, was ihnen gut tut.
Das ist ein anderer Gott, als jener der Sumerer zum Beispiel,
der Freude daran hat,
wenn Menschen hart arbeiten,
damit er die Früchte ihrer Arbeit geniessen kann.

Ein Gott, der Freude hat an jubilierenden und singenden Menschen,
ist ein anderer, als ein Gott, der möchte,
dass Menschen in seinem Namen Krieg führen.

Das biblische Loblied
ist so aus einem Kern der biblischen Theologie entstanden
und entspricht einer Grunderfahrung unserer Tradition.

So ist Gott: es gefallen, es dienen ihm Lieder.

Diesem Gott sind unsere Väter und Mütter im Glauben
auf die Spur gekommen.
Religionsgeschichtlich gesehen löst das *Gotteslob*,
- auch *Lobopfer* genannt - das *Tieropfer* ab.

Der Psalm 100 markiert diesbezüglich einen Übergang.
Da heisst es:
Höre, mein Volk, deine Brandopfer sind mir immer vor Augen.
Doch nehme ich von dir Stiere nicht an, noch Böcke aus deinen Herden.
Denn mir gehört ja alles Getier des Waldes, das Wild auf den Bergen zu Tausenden. Hätte ich Hunger, ich brauchte es dir nicht zu sagen, denn mein ist die Welt und was sie erfüllt. Soll ich denn das Fleisch von Stieren essen und das Blut von Böcken trinken?

Bring Gott als Opfer dein Lob, und erfülle dem Höchsten deine Gelübde! Rufe mich am Tag der Not; dann rette ich dich, und du wirst mich ehren.
Das Beste, das Menschen Gott geben können,
ist ihr Lob,
und damit die Anerkennung Gottes als Gott.
In diesem Sinn haben wir vorher gesungen:
Die besten Güter sind unsere Gemüter,
vor ihn zu treten mit Danken und Beten,
das ist ein Opfer, dran er sich ergötzt.

Um das in der Tiefe verstehen zu können,
muss man das Wort Opfer
aus seinem blutigen Umfeld befreien.
Opfer meint etwas gegen den Strich,
eine Art Sprung über den eigenen Schatten,
ein Überwinden eines Widerstandes.
Der Widerstand und Schatten sind die Notwendigkeit,
die schlechthinnige Abhängigkeit von grösseren Mächten,
als wir selber sind, anzuerkennen
und so gut es eben geht, anzunehmen.
Das *nicht wir selbst,*
das ich vorher erwähnt habe;
Er hat uns gemacht und nicht wir selbst.
Gott verdanken wir das Leben, die Schönheit der Welt,
die Liebe, das Licht.

Und warum nun soll es Gott *dienen*,
wenn ihm gesungen wird?
Die Antwort darauf erahnen wir vielleicht,
wenn wir uns die Freude einer Mutter vor Augen führen
wenn sie von ihrem Kind Happy Birthday vorgesungen bekommt.
Da ist die Rührung über die Liebe des Kindes zu ihr,
und über die eigene Liebe zum Kind.
Da ist vielleicht der Stolz auf das Kind,
wie es so dasteht und singt und ihr Kind ist,
und da ist vielleicht die Freude über den Stolz des Kindes,
dass es so dasteht und singt und ihr Kind ist.

Das ist ein Gleichnis für den biblischen Gott,
dem es dient, wenn Menschen ihn und das Leben lieben,
überschäumen vor Freude und Glück,
Freude haben an der Schönheit

und dafür einen Ausdruck finden,
zum Beispiel in einem Lied.

Das Gleichnis vom singenden Kind und seiner Mutter
zeigt nun aber auch etwas von der Subtilität des Geschehens.

Man kann sich mannigfaltig vorstellen,
wie das Lied seine Wirkung verfehlen kann.
Nicht etwa wenn das Kind schlecht singt,
die Liebe und der Mutterblick fangen das vollständig auf.
Doch der schönste Gesang
kann nicht die fehlende Liebe auffangen.
Lieblos Glück zu wünschen erzeugt Misstöne.

So gibt es in der Bibel auch die dezidierte Kritik
an Loblied und Jubelgesang.
Beim Propheten Amos etwa heisst es:
Ich hasse und verwerfe eure Feste und habe kein Wohlgefallen an euren Festversammlungen. Hinweg von mir mit dem Geplärr eurer Lieder! Das Spiel eurer Harfen will ich nicht hören. Ich will Gerechtigkeit. Wie Wasser flute das Recht, und die Gerechtigkeit wie ein nie versiegender Bach! (Am 5,21ff.)

Diese Kritik,
dass unschönes Tun die schönsten Lieder missfallen lässt,
durchzieht die ganze jüdisch – christliche Kulturgeschichte.
Gott, der sich an singenden und jubilierenden Menschen freut,
ist derselbe, der weint und zürnt,
wenn Menschen zu wenig zu essen haben,
ungerecht behandelt werden,
keinen Grund zum Jubilieren haben.

Der Rigide verstummt über dieser Erkenntnis,
und tatsächlich soll die Frage erlaubt sein,
wie sich das
Ehre sei Gott in der Höhe und Frieden auf Erden unter den Menschen
mit dem Unfrieden auf der Erde verträgt,
und ob Gott nicht vielleicht in den Schrecken der Moderne
unsere Loblieder als Geplärr hasst.

Aber wenn es stimmt,
dass Gott *ewig treu* ist
und nicht fahren lässt, was er mit eigenen Händen gemacht hat,

dann kann er auch die Freude nicht fahren lassen an sich freuenden Menschen.
Und ist es nicht ein schöner Gedanke,
dass Gott unser Lied dient,
dass es ihn erfreut, so,
wie das Harfenspiel Davids den König Saul erfreute.
Dass unser Lied Gott tröstet, wenn er weint über den Unfrieden auf der Welt,
dass das Loblied Gott gut tut und er damit auch angesichts ihrer Bedrohung
an seinem Urteil über die Schöpfung festhalten kann:
und siehe, es war sehr gut.

Ja, vielleicht braucht Gott unser Lob,
damit er Gott bleiben kann,
oder brauchen wir das Gotteslob,
damit wir an Gott glauben können?
Oder ist da vielleicht gar kein Unterschied?

Ich weiss es nicht,
ich weiss nur,
dass mir das Singen von Lobliedern zur Ehre Gottes wohltut.
Ich freue mich,
dass ich damit ein grösseres Repertoire
zum Ausdruck von Lebensfreude und Dankbarkeit habe,
als der schwanzwedelnde Hund,
und der Gedanke des schönen Abendliedes tröstet mich,
das singt:
Die Sonne, die uns sinkt,
bringt drüben den Menschen überm Meer das Licht
und immer wird ein Mund sich üben,
der Dank für deine Taten spricht,
… oder singt!

Amen

Über Sicherheit und Unsicherheit
Predigt zum Psalm 117 am 9. November 2008

In diesem Gottesdienst hat der Kirchenchor die Vertonung des Psalmes 117 (116) von Antonio Vivaldi (RV606) vorgetragen und es kam ebenfalls von Antionio Vivaldi die Arie aus der Mottete nulla in mundo pax sincera (RV 630) *zur Aufführung.*
Im Hintergrund zeigten sich in diesen Wochen immer deutlicher die Auswirkungen der Finanzkrise. Ich nahm dies zum Anlass, ausgehend von Psalm 117, mir Gedanken über Sicherheit und Unsicherheit zu machen.

1 Lobt den HERRN, alle Völker!
Rühmt ihn, ihr Nationen alle!
2 Denn mächtig waltet über uns seine Güte,
und die Treue des HERRN währt in Ewigkeit.
Hallelujah.

Liebe Gemeinde

Diese Worte haben eine erstaunliche Karriere hinter sich.

Lobt den HERRN, alle Völker!
Rühmt ihn, ihr Nationen alle!
Denn mächtig waltet über uns seine Güte,
und die Treue des HERRN währt in Ewigkeit.
Hallelujah.

So sangen vor vielleicht 2500 Jahren Menschen in Jerusalem zur Ehre Gottes.
Der Psalm wurde in die Sammlung der 150 Psalmen der hebräischen Bibel aufgenommen und ist der kürzeste geblieben in der Kollektion des Psalters.

Der Apostel Paulus, in den Heiligen Schriften bewandert,
zitiert ihn in seinem Brief an die Römer,
und mit der hebräischen Bibel
ist der Psalm in die Bibel der Christen aufgenommen worden.
Fleissige Leute haben herausgefunden,
dass er, wenn man alle Kapitel der Bibel zusammenzählt,
genau in der Mitte der Kapitel steht.

So kurz und so zentral,
boten sich die zwei Verse an für Vertonungen.
In unserem Gesangbuch haben wir mit den Gesängen bei der Nummer 71-74 nicht weniger als 4 Versionen davon,

darunter die bekannten Lieder aus Taizé
laudate omnes gentes und *laudate dominum*.

Antonio Vivaldi hat zu diesen Worten ein Chorwerk komponiert,
als er im Waisenhaus für Mädchen Santa Maria della Pietà
in Venedig gearbeitet hat.

Ich finde es eine interessante Vorstellung,
dass Worte aus einer Zeit,
von der wir kaum eine Vorstellung haben,
durch Jahrhunderte lebendig geblieben sind,
und immer wieder neu mit Tönen verbunden wurden:
im Tempel in Jerusalem
in der Chiesa Santa Maria della Pietà in Venedig
und jetzt heute in der Kirche von Rümlingen.

Es ist, als würde damit etwas wahr,
wozu der biblische Psalm selbst aufruft,
preiset den Herrn alle Völker
rühmet ihn all ihr Nationen.

Dabei ist es ein schöner Zufall,
dass wir für die Aufführung dieses Werkes heute Abend
ein internationales Orchester haben
mit Leuten aus verschiedenen Erdteilen.

Was mich nun aber besonders fasziniert,
ist die Art und Weise,
wie Vivaldi diesen Psalm interpretiert.

Hätte ein Psalm Beine, dann könnte man sagen,
er steht fest auf dem Boden.

Er hat zwar ein Tanzbein,
das schwingt er besonders am Anfang,
aber dann sucht er immer mehr den Stand,
bis er ganz im Gleichgewicht ist
und fest steht.
Es kommen die gewichtigen Worte
Wahrheit des Herrn,
bleiben, Ewigkeit.
Noch gewichtiger tönen sie in Latein
veritas domini manet in aeternum

nunc et semper
jetzt und immer
saecula saeculorum
von Ewigkeit zu Ewigkeit
bis zum 8 fachen *Amen* am Schluss
so sei es, so sei es, so sei es!
Acht mal:
Das steht, fest und unerschütterlich.

Vivaldi war nicht nur Musiker, er war auch Priester
und seine Musik war auch Predigt.
Diese Predigt redet von Verlässlichkeit,
von Sicherheit,
von Vertrauenswürdigkeit,
von festem Fundament.

Sie redet von Gott,
auf den Verlass ist,
der nicht wankt,
sondern *bleibt von Ewigkeit zu Ewigkeit*.

Was ist es, wenn uns diese gesungene Predigt wohl tut?
Was geschieht hier,
wenn das Singen und Hören dieser predigenden Musik,
die so feststeht und kraftvoll ist,
das Gefühl gibt,
als stünde das Leben auf einem festen Fundament,
als wäre da eine Kraft, Stürmen zu trotzen,
Widerwärtigkeiten des Lebens entgegenzutreten,
als gäbe es Sicherheiten,
als gäbe es etwas, worauf man vertrauen kann,
auf das Verlass ist?

Ist es die Sehnsucht danach, die solche Musik nährt?

Faszinierend ist die Vorstellung,
wie Mädchen im Waisenhaus des 18. Jahrhunderts dieses Lied gesungen haben.
Ich weiss eigentlich nichts davon,
ich weiss nur, dass das Leben als Waisenkind im 18. Jahrhundert auf eine Weise schwierig und unsicher war,
wie wir uns das kaum vorstellen können.

Überhaupt war das Leben schwierig und unsicher:

Die Lebenserwartung im 18. Jahrhundert
war nicht halb so hoch wie heute,
mehr als ein Viertel der lebend geborenen Kinder
überlebte das 1. Lebensjahr nicht,
verschiedenste Krankheiten,
die heute heilbar oder ausgerottet sind,
rafften damals die Menschen dahin,
es gab politische Unsicherheiten und Kriege allenthalben,
kaum etwas war sicher und noch viel weniger war versichert.
Waisenmädchen, mit denen diese Musik aufgeführt wurde,
hatten auf eine Weise eine unsichere Existenz,
die für uns nicht vorstellbar ist.

Hat ihnen das Singen eine Art Sicherheit gegeben,
oder eher Trost in der Unsicherheit?
Oder haben sie der Predigt geglaubt,
dass Gott ihr Fels ist, an den sie sich halten können,
auf den Verlass ist in alle Ewigkeit,
der sie nicht fahren lässt,
sondern an seiner Hand führt?

Ich weiss es nicht.
Interessant aber ist der Gedanke,
dass der Glaube an die Verlässlichkeit und Vertrauenswürdigkeit Gottes
in unserer Kultur in dem Masse abgenommen hat,
wie wir weltliche Sicherheiten gewonnen haben.

Das ist doch bemerkenswert.
Noch wenige Generationen vor uns gab es keine Nahrungsmittelsicherheit,
von Arbeitsplatzsicherheit ganz zu schweigen.
Es gab kaum Versicherungen,
keine Altersvorsorge und keine Krankenkasse,
die Medizin war in viel, viel mehr Fällen als heute einfach machtlos
und die Gefahr kriegerischer Auseinandersetzungen,
bei denen man alles verlieren konnte,
war ständig gross.

Und diese Menschen verliessen sich auf Gott,
vertrauten auf seine Hilfe und seinen Beistand:
Denn machtvoll waltet seine Huld über uns
und die Treue des Herrn auf ewig
sagen sie mit dem Psalm.

Leben wir so sicher, dass wir Gott gar nicht mehr brauchen,
dass wir auf seine Macht und Treue verzichten können?

Viele bringt die Krise an den Finanzmärkten
und in den Volkswirtschaften überhaupt
ins Studieren.

Es fällt auf, wie viel von Vertrauen und Vertrauenswürdigkeit abhängt:
eine Bank, der man nicht mehr vertraut, verliert Kundengelder,
eine Firma, der man keine Rendite zutraut,
bekommt kein Geld und die Aktien verlieren an Wert.
Das Ausweichen auf sichere Werte wie Gold oder Diamanten
entzieht der Volkswirtschaft nötige Mittel: ein Teufelskreis.

Ein Staat, der vorher keine Mittel für dies oder jenes hatte,
etwa für nötige Sozialausgaben,
und plötzlich viele Milliarden zur Stützung von Banken ausgeben kann,
hat ein Glaubwürdigkeitsproblem.

Worauf kann man noch vertrauen?

Das Wort Verunsicherung taucht in fast allen aktuellen Nachrichten auf:
Die Anleger sind verunsichert,
die Pensionskassen sind verunsichert
und die, die einmal Pensionen beziehen möchten, ebenfalls.
Die Milchbauern sind verunsichert,
weil der Milchpreis einmal mehr sinken soll;
die Lehrpersonen sind verunsichert,
weil die ganze Bildungslandschaft eine Baustelle ist;
die Pfarrpersonen sind verunsichert,
weil die Mitgliederzahlen der Kirchen, und somit die finanziellen Mittel abnehmen;
die Arbeitnehmenden sind verunsichert, weil Stellen abgebaut werden
und wir alle sind verunsichert
wenn wir die Krebsstatistiken sehen,
oder die Prognosen bezüglich Klimawandel, Atommüll,
Nahrungsmittelsituation weltweit, Staatsverschuldungen und dergleichen mehr.
Verunsicherung ist wesentlicher Teil unseres modernen Lebensgefühls.

Wie gehen wir damit um?

Trösten wir uns mit schöner Musik,
um gestärkt zu werden im Strudel der Unsicherheiten?

Trost ist gut,
er darf aber nicht von der Tatsache ablenken,
um die es bei diesem Thema wirklich geht:

Wir leben auf zu hohem Ross,
will heissen:
unser Anspruch an Sicherheiten ist überrissen.

Wir melden bewusst oder unbewusst
das Recht auf so und soviele Jahre in Gesundheit
und abgesichertem Wohlstand an,
und alles was daran kratzt,
gilt uns schon fast als unnatürlich.

Dabei leben wir einfach auf zu grossem Fuss.
Wir leben auf Pump und auf Kosten späterer Generationen.
Wir können uns die medizinische Versorgung,
die Absicherungen gegen die Risiken von Krankheit und Alter,
ja überhaupt unseren westlichen Lebensstil eigentlich gar nicht leisten.
Und die Ressourcen der Welt reichen auch nicht aus dafür.

Der Schluss aus dieser Erkenntnis ist ebenso einfach wie schwierig:
wir müssen lernen,
auf kleinerem Feuer zu kochen,
wir müssen lernen,
mit mehr Unsicherheiten zu leben,
auch in materieller Hinsicht.
Wir müssen nach sozialer Gerechtigkeit suchen und dafür streiten,
damit bei kleiner werdendem Kuchen
für die einen nicht nur die Krümel oder gar nichts übrigbleibt.

Und das Lebenlernen mit der Unsicherheit
hat für mich auch eine geistliche Dimension.

Die Selbsterkenntnis, dass ich abhängig bin von ganz vielem,
abhängig von Menschen, von Zuneigung, Bestätigung, Wertschätzung,
abhängig von Liebe:
- alles unsichere Dinge -
und die Selbsterkenntnis, dass ich abhängig bin vom Atem,
den ich mir nicht selber geben kann,
vom Herzschlag, den ich nicht selber antreiben kann,
und von Lebensmut und Energie,
die mich nicht aus mir selbst erfüllen,

macht offen für die Wahrnehmung,
wie viel ich bekomme,
was nicht sicher ist, nicht selbstverständlich.
Sicher aber ist, dass ich es bekommen habe
und es immer wieder von neuem bekomme.

Und diese Selbsterkenntnis macht irgendwie fromm.

Ich glaube, Jesus hat darum die Armen glücklich gepriesen,
weil ihr Leben in der Abhängigkeit
ein Spiegel für die grundsätzliche Abhängigkeit des Menschen ist.
Eine Abhängigkeit, in der es keine Sicherheit gibt.
Es gibt nur die Illusion von Sicherheit.

Das bewusste Annehmen
der Lebenskraft aus unverfügbarer
und darum unsicherer Quelle aber
bringt Menschen in Verbindung mit dieser Lebenskraft,
mit Gott.

Nichts versichert unser Leben,
aber wir können das Vertrauen in die Lebenskraft üben,
indem wir uns der Unsicherheit stellen und merken,
ich lebe, trotzdem.
Ich bekomme das Leben,
seine Quelle ist grösser als ich,
auf sie ist Verlass.

Wenn wir heute den Psalm von Vivaldi singen,
der mit achtfachem *Amen*
wie auf acht Füssen fest und unerschütterlich am Boden steht,
dann spüre ich etwas von der Kraft,
die schon damals Mädchen in Venedig
mit ihrem unsicheren Schicksal
als Waisenkinder leben lernte,
so wie unsere biblischen Vorfahren in Jerusalem in einer längst versunkenen Zeit.
Und daran knüpft nun das Bekenntnis,
das wir jetzt hören werden:
Die Arie aus der Mottete
nulla in mundo pax sincera
ebenfalls von Antonio Vivaldi.

Übersetzt heissen die lateinischen Worte:

E*s gibt in dieser Welt keinen wirklichen Frieden*
frei von Bitterkeit,
rein und wahrhaftig
ausser in Dir, süsser Jesus.
Zwischen Schicksalsschlägen und Stürmen
lebt die zufriedene Seele in barer Liebe
aus Hoffnung allein.

Amen

Über die Symbolik des Minarettverbots
Predigt am Reformationssonntag 1. November 2009

Am 29. November 2009 wurde in der Schweiz über die Volksinitiative Gegen den Bau von Minaretten *abgestimmt. Sie verlangte, dass in der eidgenössischen Bundesverfassung der Satz steht:* Der Bau von Minaretten ist verboten. *Rund um diese Abstimmung wurden heftige Debatten geführt. Mit der Predigt und entsprechenden Artikeln in Zeitungen habe ich mich in die Debatte eingemischt.*

Liebe Gemeinde

In der deutschen Wochenzeitung *Die Zeit*
war vor zwei Wochen ein Artikel zu lesen unter dem Titel *Gott ist politisch*.
Dieser Artikel berichtet im Blick auf die Schweiz von verschiedenen Zeichen,
die zeigen, wie gegenwärtig ‚Religion' in der öffentlichen Diskussion in der Schweiz
vielfach Thema ist:

Da ist die Minarettinitiative, die den Bau von Minaretten verbieten will
und dieses Verbot in der Bundesverfassung verankert haben möchte.

Da ist die Forderung der Jungsozialisten,
die die totale Trennung von Kirche und Staat wollen,
bis hin zur Abschaffung der theologischen Fakultäten
und einem Verbot des Religionsunterrichtes an den Volksschulen.

Da ist die Diskussion in Luzern,
ob man die islamische Gemeinschaft
in den Status einer Landeskirche erheben soll.

Und da ist die landesweite Aktion der Freidenker - Vereinigung,
die auf Plakaten verkündet:
Da ist wahrscheinlich kein Gott, also sorg dich nicht und geniesse das Leben.

All diese aktuellen Themen
geben ziemlich viel zu reden, zu denken und zu schreiben.

Über zwei davon möchte ich in den kommenden zwei Predigten nachdenken.

Nächsten Sonntag nehme ich mir den Freidenker Spruch vor,
nach dem man das Leben geniesse solle,
weil es ja wahrscheinlich keinen Gott gebe.
Und heute möchte ich mit ihnen meine Gedanken zur Minarettinitiative teilen.

Auf die Idee, dies gerade am Reformationssonntag zu tun,
brachte mich das Abstimmungsbarometer von Radio DRS,
das vor einer Woche gezeigt hat,
dass der Anteil an Reformierten, die die Initiative annehmen werden,
deutlich höher ist, als jener der Katholiken
und viel höher als derjenige der Konfessionslosen.

Das heisst, ein besonders hoher Anteil
von Angehörigen der reformierten Landeskirchen der Schweiz will,
dass es in der Bundesverfassung künftig heissen soll:
Der Bau von Minaretten ist verboten.

Der Reformationssonntag ist dazu da,
sich über die reformierte Identität Rechenschaft zu geben,
sich ihrer zu vergewissern und über sie nachzudenken.
Wenn nun sogar eine neutrale Meinungsumfrage
die Resultate nach Konfessionen auffächert
und dabei feststellt,
dass tatsächlich die Konfessionszugehörigkeit
signifikant mit der Meinungsbildung in einer Sachfrage zusammenhängt,
dann sollte man sich wirklich darüber Gedanken machen.

Dabei ist mir wohl bewusst, dass das Thema sehr vielschichtig ist,
dass nicht alle Aspekte in ein paar Minuten angesprochen werden können,
und dass die Meinungen weitgehend gemacht sind.
Am liebsten hat man es natürlich,
wenn man in seiner eigenen Meinung bestärkt wird
und niemand möchte mit seiner Meinung in irgendeine Ecke gestellt werden.
Das heisst, die Gefahr, einerseits offene Türen einzurennen
und andererseits auf Granit zu beissen, ist einigermassen gross,
ganz abgesehen von der Fragwürdigkeit,
sich in einer Predigt zu Abstimmungsvorlagen zu äussern.

Trotzdem möchte ich es heute tun.
Das Thema ist mir so wichtig und es ist so im Gespräch,
dass ich einfach nicht loskomme davon.
Und ich sehe es als meine Aufgabe als reformierter Pfarrer,
gerade am Reformationssonntag einen Beitrag zur Meinungsbildung zu leisten,
besonders wenn in einem öffentlich diskutierten Thema
Religion eine zentrale Rolle spielt,
und wenn das, was uns als Kirche wichtig und heilig sein soll,
dadurch tangiert wird.

Ich teile die Ansicht des Schweizerisch evangelischen Kirchenbundes,
der die Minarettinitiative als *einen untauglichen und rechtlich zweifelhaften Beitrag zu einem brisanten – gesellschaftspolitischen Thema* versteht.

Untauglich ist die Initiative,
weil sie kein einziges Problem löst, dafür aber viele neue schafft.

Offensichtlich ist, welches *brisante gesellschaftspolitische Thema*
im Hintergrund dieser Initiative steht.
Wenn man die Leserbriefe etwa der *Volksstimme* liest,
- in der Donnerstagssausgabe
waren auf mehr als einer ganzen Seite insgesamt elf Briefe zu lesen,
die durchwegs die Initiative befürworteten –
wenn man diese Leserbriefe liest,
dann soll das Minarettverbot hauptsächlich zwei Dinge leisten:

1. Sie soll einer behaupteten, schleichenden Islamisierung Einhalt gebieten,
und
2. soll sie ein Zeichen setzen,
dass sich Muslime bei uns, wie alle anderen auch,
zu integrieren haben.

Das Minarett wird als Machtsymbol
eines Herrschaft anstrebenden Islams verstanden,
der sich in Salamitaktik auszubreiten versucht.
Wenn man nun den kleinen Finger des Minaretts gebe,
so werde er bald die ganze Hand des Muezzinrufs nehmen,
bis hin zur Einführung der Scharia inklusive Verschleierung der Frauen
oder dem Abhacken von Händen und dergleichen.

Dazu werden unsere Probleme
mit fremdsprachigen Kindern an den Schulen,
die Fragen von Dispensierung vom Schwimmunterricht,
von Zwangsehen, sogenannten Ehrenmorden
und der Diskriminierung von Frauen eingebracht
und damit eine Welt an die Wand gemalt,
in der die Frauen in der Schweiz
bald in einer Burka herumlaufen müssen
im Schatten unzähliger Minarette und Bärte.

Warum leuchtet das gerade Reformierten ein?

Vielleicht ist es tatsächlich so, wie Thomas Wipf,

der Präsident des Schweizerisch Evangelischen Kirchenbundes, vermutet,
weil wir Reformierten besonders kritisch
gegenüber undemokratischen Organisationen
und gegenüber Machtsymbolen sind.
Und weil wir Reformierte
das Patriarchale,
Frauen diskriminierende als besonders stossend empfinden
und so gewisse Formen des Islam
und wie es in den meisten islamischen Ländern läuft,
unseren Vorstellungen diametral entgegen stehen.

Darin allerdings steckt ein entscheidender Denkfehler.

Es geht bei der Initiative nicht darum,
wie gut oder schlecht man den Islam findet
und je schlechtere Noten er bekommt,
desto eher muss man die Initiative annehmen und umgekehrt.

Die Initiative kann nichts weiter, als den Bau von Minaretten verbieten.

Wie man sich von diesem Verbot in irgendeiner Weise
eine positive Wirkung bezüglich der tatsächlichen Probleme versprechen kann,
verstehe ich nicht.

Was ich verstehe ist,
dass der Islam als fremde Religion und Lebensart
Angst machen kann in einem Land,
in dem die mehrheitlich in Landeskirchen organisierte christliche Religion
rasant an Bedeutung verliert.

Diesbezüglich muss man dem SVP Politiker Claudio Zanetti recht geben
der gesagt hat:
Die durch die muslimische Zuwanderung hervorgerufenen Ängste
lassen sich nicht beseitigen, indem man gegen das Minarett Sturm läuft.
Man kann dem Islam nicht seine Dynamik zum Vorwurf machen,
wohl aber unseren Kirchen ihre Trägheit.
Sie haben dem Islam nichts entgegenzusetzen.

Haben wir dem Islam wirklich nichts entgegenzusetzen?
Ich glaube schon, aber lassen wir das vorläufig dahingestellt.

Jedenfalls hat Zanetti insofern recht,
als dass das Verbot von Minaretten nur leere Politsymbolik sein kann bezüglich der

Ängste, die damit bewirtschaftet werden.
Was ich auch verstehe ist,
dass wir durch Einwanderer aus muslimischen Ländern
mit Problemen zu tun bekommen,
die eine echte Herausforderung auf verschiedenen Ebenen darstellen.

Diese Probleme aber
müssen auf den sachgemässen Ebenen angegangen werden.
Wir brauchen eine vernünftige Migrations- und Integrationspolitik,
eine kluge Schulpolitik
und was die Zwangsehen, Ehrenmorde und dergleichen betrifft,
so ist dafür das Strafrecht zuständig.
Mit dem Verbot der öffentlichen Kennzeichnung eines Gebetsraumes durch einen Turm ist in dieser Hinsicht nichts erreicht.

Die Symbolik des Minarettverbotes allerdings ist erschreckend einfach.
Sie sagt:
Wir wollen Euch nicht als Muslime!
Ihr seid willkommen als billige Arbeitskräfte,
vielleicht auch als Flüchtlinge,
aber ihr seid nicht willkommen als Menschen mit einer anderen Religion.

Und das kann ich nicht gutheissen.

Tatsache ist: Wir haben eine muslimische Minderheit in der Schweiz,
der die Bundesverfassung Religionsfreiheit garantiert,
so wie allen anderen Einwohnern unseres Landes auch.
Wie alle anderen Einwohner haben sie sich an die geltenden Gesetze zu halten,
parallele Gesetzgebungen für andere Religionen gibt es nicht,
und soll es auch nicht geben.
Beim Grundsatz, gleiche Rechte und Pflichten für alle,
hört die Religionsfreiheit auf,
… aber nicht vorher.

Zwei Punkte möchte ich besonders hervorheben:

Es wird gesagt,
Minarette seien gar nicht nötig,
viele Muslime wollten sie selber gar nicht,
also sei die Religionsfreiheit nicht tangiert.

Was daran stimmt ist,
dass es viele Gebetsräume ohne Minarette in der Schweiz gibt,

in denen Muslime ihre Gebete gen Mekka verrichten
und die Belehrungen ihres Imams anhören, also ihre Religion ausüben.
Bedenken muss man dabei aber:
Auch der christliche Gottesdienst kann ohne Kirchturm gefeiert werden.
Aber würden wir es nicht als Affront auffassen,
wenn Kirchen künftig ohne Turm gebaut werden müssten,
weil sich jemand daran stört?
Es wäre ein Angriff auf das Recht der Kirche,
sich öffentlich als Kirche zu zeigen,
und insofern ein Angriff auf die Religionsfreiheit.

Und genau das ist es im Blick auf die Muslime auch!

Es gibt für mich keinen Grund, warum da,
wo das Bedürfnis seitens der Muslime besteht0
und wo sich die Bedenken städtebaulicher Art oder das Ortsbild betreffend
in Grenzen halten,
Muslime ihre Gotteshäuser
nicht mit Gebetstürmen als solche kennzeichnen dürfen sollten.

Und wenn gesagt wird, Minarette passen einfach nicht in unsere Kultur,
dann vergisst man, dass so betrachtet
weder der Mac Donald noch die Sushi Bar, die Pizzeria, der Afrobeattanzschuppen
oder die Niederlassung von American Express in unsere Kultur passen.

Die Befürchtung, dass Minarette wie Pilze aus dem Boden schiessen könnten,
entspricht im Übrigen in keiner Weise den tatsächlichen Grössenverhältnissen.
In Frankreich etwa,
wo deutlich mehr Muslime leben als bei uns,
hält Präsident Sarkozy
- nun wirklich kein linker Romantiker -
den Bau von Moscheen mit Minaretten für so wichtig,
dass er ihn staatlich subventionieren lässt,
um den Islam aus den Hinterhöfen in die Öffentlichkeit zu holen.
Ähnlich sieht es auch der deutsche Innenminister Schäuble,
auch er ein wertkonservativer Sicherheitspolitiker.

Der zweite Punkt
betrifft die vorgeworfene Salamitaktik:
Zuerst Minarett, dann Muezzinruf, dann Scharia
und damit christliches Abendland ade.

Dass es Muslime gibt, die das möchten, ist unbestritten.
Sie sind eine Minderheit, aber es gibt sie.
Aber die Frage ist nicht, was diese Leute wollen oder täten, wenn sie könnten,
sondern die Frage ist, was *wir* wollen
und was von dem, was sie wollen,
toleriert werden kann im Rahmen unseres Rechtsstaates.
Wir müssen uns klar werden, wo *wir* die Grenzen setzen
und wir müssen uns dabei klar werden,
von welchen *eigenen* Grundsätzen wir uns lenken lassen.

Diese Grundsätze wurzeln in unserer christlich-abendländischen Kultur,
mithin auch in der Aufklärung
und den damit verbundenen Freiheitsrechten und -pflichten.
Das Resultat davon ist Religionsfreiheit innerhalb der Grenzen des Rechtsstaates.
Minarette tangieren den Rechtsstaat ebenso wenig wie Kirchtürme.

Dabei ist es völlig verkehrt,
ein Gegenrecht verlangen zu wollen, im Sinn von:
‚Wenn ihr Christen in Euren Ländern freie Religionsausübung erlaubt,
dann können wir über Minarette bei uns anfangen zu diskutieren und vorher nicht'.
Wir können doch nicht Diktaturen, die die Menschenrechte mit Füssen treten,
zum Massstab nehmen, was wir tun und lassen sollen!
Wir können doch nicht unsere Werte in einer Art Gegengeschäft verraten,
und uns dadurch auf das Niveau von Diktaturen begeben!

Vielmehr sollten wir stolz sein auf unsere Traditionen
und auf die Stärken unserer Kultur.
Und dazu gehören prominent die Freiheitsrechte im Allgemeinen
und die Religionsfreiheit im Besonderen.

Und als Kirchen,
gerade auch als reformierte Kirche,
sollten wir selbstbewusster auftreten und auf unsere Stärken vertrauen:
- Unsere flachen Hierarchien und demokratischen Verhältnisse,
in denen Machtmissbrauch eingedämmt wird,
- unser Pochen darauf, dass jeder und jede selber in der Lage ist,
selber zu denken und die Verantwortung für sein Leben,
auch für sein Leben vor Gott,
zu übernehmen,
und keine Bevormundung durch religiöse Führer und Organisationen
oder durch ein Lehramt braucht,
- unsere Nüchternheit bezüglich religiöser Symbole und Riten,
- und unsere Bemühungen,

Humanwissenschaften und die Freiheitsrechte jedes Einzelnen
mit dem Evangelium von Jesus Christus
und dem Schöpfungsglauben der Bibel zu verbinden.
All das befähigt uns,
im konstruktiven Gespräch
mit den Verantwortlichen in Politik und Gesellschaft zu bleiben
und macht uns auch zu wichtigen Gesprächspartnern für Muslime,
die sich in einer ihnen fremden Welt zurechtfinden müssen.

Ich habe darum keine Angst vor Muslimen,
die sich in Moscheen mit Minarett zum Gebet treffen.
Sie sind die beste Prävention vor radikalisierten Islamisten aus Hinterhöfen,
die die Zivilgesellschaft bedrohen.

Unsere Aufgabe als Kirchen und als Reformierte ist es,
unsere biblische Tradition zu pflegen.
Wir haben das Evangelium Jesu Christi mit seinem Zuspruch *Fürchtet Euch nicht!*
Wir haben ein reiches und schönes Erbe.

Dieses wollen wir nach Kräften kultivieren.

Amen

Minarettverbot schafft mehr Probleme als es löst

Markus Enz*

[illegible] dafür aber viele neue schafft. Offensichtlich ist, welches brisante gesellschaftspolitische Thema im Hintergrund dieser Initiative steht. Es ist die Angst vor dem Islam, verbunden mit einer Reihe von Problemen der Integration von Migranten aus muslimischen Ländern. Wichtig ist, sich klar darüber zu werden, dass die Initiative [illegible] weiter kann, als den Bau [illegible] naretten verbieten. Wie [illegible] von diesem Verbot in irge[illegible] Weise eine positive Wirku[illegible] züglich der tatsächlichen Probleme versprechen kann, verstehe ich nicht.

[illegible] Minarettver-[illegible] erschreckend [illegible] wollen Euch [illegible] ihr seid will-[illegible] Arbeitskräfte, [illegible] willkommen als [illegible] chen mit einer anderen Re-[illegible]. Das kann ich nicht gut-[illegible] en.

[illegible]tsache ist: Wir haben e[illegible] muslimische Minderheit in d[illegible] Schweiz, denen die Bundesverfassung Religionsfreiheit garantiert. Wie alle anderen Einwohner haben auch die Muslime sich an die geltenden Gesetze zu halten, parallele Gesetzgebungen für andere Religionen gibt [illegible]cht, und soll es [illegible] geben. Beim [illegible] chte für alle [illegible] heit auf.

[illegible] Argumente der [illegible] Gegner möchte ich noch [illegible] gehen:

Es wird gesagt, Minarette seien gar nicht nötig, viele Muslime wollten sie selber gar nicht, also sei die Religionsfreiheit nicht tangiert. Das stimmt, unbedingt nötig sind Minarette nicht. Bedenken mus[illegible] man dabei aber: Auch d[illegible] liche Gottesdie[illegible] ohne Ki[illegible] [illegible] Kirchen [illegible] gebaut werden [illegible] weil sich gewisse Leute [illegible] an stören? Es wäre ein Angriff auf das Recht der Kirchen, sich öffentlich als Kirchen zu zeigen, und insofern ein Angriff auf die Religionsfreiheit. Und genau das ist es im Blick auf die Muslime auch. Und wenn gesagt wird, Minarette pa[illegible] sen einfach nicht in unsere Kult[illegible] dann vergisst man, dass so [illegible] achtet, weder der MacDona[illegible] [illegible] Sushi-Bar, der Afrobe[illegible] [illegible]n oder die Nied[illegible] [illegible]rican Express [illegible]

[illegible] verkehrt, [illegible] zusagen [illegible]t verlangen [illegible] wollen im S[illegible]n: Wenn ihr M[illegible] lime Christen in euren Länd[illegible] frei[illegible] nsausübung erlau[illegible] wir anfangen ü[illegible] diskutieren und v[illegible] können doch ni[illegible] [illegible]uren, die die Mensch[illegible] rechte mit Füssen treten, z[illegible] Massstab nehmen, was wir tun [illegible] lassen sollen. Vielmehr sollten [illegible] stolz sein auf unsere Tradition [illegible] auf die Stärken unserer Kultur, [illegible] zu diesen Stärken gehören pro[illegible] nent die Freiheitsrechte, mithin Religionsfreiheit.

Anonyme Verunglimpfung nach einem Zeitungsartikel zum Thema

Da ist wahrscheinlich kein Gott, also sorg dich nicht und geniess das Leben
Predigt zum Werbeslogan der Freidenker – Vereinigung, 8. November 2009

Im Herbst 2009 hat die Freidenker – Vereinigung der Schweiz eine Werbeaktion aus England mit dem Spruch ‚There is probably no God, now Stopp worrrying and enjoy your life' *in die Schweiz gebracht. Durch das Verbot der entsprechenden Plakate und dank grossem Interesse der Medien wurde der Spruch* ‚Da ist wahrscheinlich kein Gott, also sorg dich nicht und geniess das Leben' *breit diskutiert.*
In der Predigt konfrontiere ich ihn mit den Worten über das Sorgen aus der Bergpredigt, Mat 6,25-34.

25 Darum sage ich euch: Sorgt euch nicht um euer Leben, was ihr essen werdet, noch um euren Leib, was ihr anziehen werdet. Ist nicht das Leben mehr als die Nahrung und der Leib mehr als die Kleidung?
26 Schaut auf die Vögel des Himmels: Sie säen nicht, sie ernten nicht, sie sammeln nicht in Scheunen - euer himmlischer Vater ernährt sie. Seid ihr nicht mehr wert als sie?
27 Wer von euch vermag durch Sorgen seiner Lebenszeit auch nur eine Elle hinzuzufügen?
28 Und was sorgt ihr euch um die Kleidung? Lernt von den Lilien auf dem Feld, wie sie wachsen: Sie arbeiten nicht und spinnen nicht,
29 ich sage euch aber: Selbst Salomo in all seiner Pracht war nicht gekleidet wie eine von ihnen.
30 Wenn Gott aber das Gras des Feldes, das heute steht und morgen in den Ofen geworfen wird, so kleidet, wie viel mehr dann euch, ihr Kleingläubigen!
31 Sorgt euch also nicht und sagt nicht: Was werden wir essen? Oder: Was werden wir trinken? Oder: Was werden wir anziehen?
32 Denn um all das kümmern sich die Heiden. Euer himmlischer Vater weiss nämlich, dass ihr das alles braucht.
33 Trachtet vielmehr zuerst nach seinem Reich und seiner Gerechtigkeit, dann wird euch das alles dazugegeben werden.
34 Sorgt euch also nicht um den morgigen Tag, denn der morgige Tag wird für sich selber sorgen. Jeder Tag hat genug an seiner eigenen Last.

Liebe Gemeinde

Da ist wahrscheinlich kein Gott,
also sorg dich nicht
und geniess das Leben

Mit diesem Spruch wirbt die Freidenker - Vereinigung Schweiz
seit ein paar Wochen auf Plakatsäulen in den Städten der Deutschschweiz.

Mit einem Budget von 25'000 Franken wurden etwa 370 Plakate aufgehängt.
Eine relativ kleine Aktion, die viel Publizität dadurch erreicht hat,
dass die öffentlichen Verkehrsbetriebe verschiedener Städte
das Gesuch abgelehnt haben,
diese Werbung auf Bussen und Tramzügen zu publizieren.
Aufwind gab dabei der Entscheid des Stadtrates Zug,
das Plakat nicht nur auf öffentlichen Verkehrsmitteln,
sondern überhaupt auf öffentlichem Grund zu verbieten,
wegen *Erregung öffentlichen Ärgernisses.*

Dadurch entstand ein Wirbel,
der die Plakataktion an vielen Orten zum Gesprächsthema machte.

Die Provokation des Verses liegt darin,
dass er unterstellt,
ohne den Glauben an Gott sei das Leben sorgloser zu führen
und mehr zu geniessen.

Bevor man sich dagegen verwahrt und sich über den Spruch aufregt,
sollte man sich fragen,
was hinter dieser Aussage stecken könnte.

Dabei stellt man leicht fest,
dass Gottglauben,
der Menschen in Sorge bringt und vom Genuss des Lebens abhält,
nicht einfach eine Erfindung der Freidenker ist.

Die Liste dessen, was Spass macht im Leben,
im Namen Gottes aber verboten,
oder mindestens vermiest wurde,
ist ziemlich lang.

Was mit den Motiven Schuld und Sünde,
Gericht, Zorn Gottes, Himmel und Hölle

in menschlichen Seelen angerichtet wurde,
und wie diesbezüglich Ängste geschürt und bewirtschaftet wurden,
ist Teil unseres christlich-abendländischen Erbes.

Und heute?
Wenn wir die aktuelle Glaubenslandschaft anschauen,
lässt sich etwas sehr Interessantes feststellen:
Da ist einerseits die Theologie,
die an den staatlichen Universitäten Europas gelehrt und studiert
und mehr oder weniger in den Landeskirchen gepredigt wird.

Es gibt da im Zuge der Aufklärung eine tiefe Reflexion darüber,
wie Gottglauben und kirchliche Prägungen Menschen auch schaden,
sie der Freiheit berauben und seelisch verkrümmen können.

Es gibt ganze Bibliotheken mit Spitzentiteln wie
Die Gottesvergiftung von Tilman Moser
oder *Kleriker* von Eugen Drewermann,
in denen aufgearbeitet wird,
wie Menschen, die *schwer mit Gott behangen* sind, - wie etwa Gottfried Benn sagt,
Hilfe bekommen,
und wie Kirchen lernen müssen,
dass es gar nicht erst dazu kommt,
sondern dass die Wahrheit, die gepredigt wird, wirklich frei macht,
nach dem Vers aus dem Johannesevangelium
Die Wahrheit wird euch frei machen.

Da ist viel Arbeit geschehen, und ich bin sehr froh darum.
Die undifferenzierte Gerichts- und Moralpredigt,
in der Menschen klein gemacht
und angesichts ihrer Sündigkeit in diffuse Ängste versetzt werden,
ist vielerorts verklungen.

Dabei allerdings - und das ist nun eben sehr bedenkenswert -
sind die Kirchen, die sich auch der Aufklärung verpflichtet sehen
und ein konstruktives Gespräch mit den Wissenschaften suchen,
auf dem absteigenden Ast,
währenddessen Freikirchen und Gemeinschaften,
die ein Gottesbild vertreten,
das in - falsch verstandener - Bibeltreue einigermassen unreflektiert
aus der Antike und dem Mittelalter übernommen scheint,
im Wachsen begriffen sind.
Ein Angst machender und drohender Gott,

verbunden mit rigiden, simplen moralischen Vorschriften,
ist sozusagen ein Erfolgsmodell von freikirchlichen - christlichen Gemeinschaften.

Dieser Umstand gibt mir sehr zu denken
und leider sind die Anliegen der Freidenker nicht einfach aus der Luft gegriffen.

Und wie steht es mit meinem Glauben?

Wenden wir das Augenmerk auf den zweiten Teil des Spruches der Freidenker:

Da ist wahrscheinlich kein Gott,
also sorg dich nicht
und geniess das Leben.

Ich habe mit Bedacht heute den Abschnitt *über das Sorgen*
als Lesung vorgetragen.
Die Bilder aus der Schöpfung,
der Vogelflug, gleichsam der Schwerkraft enthoben,
oder die Schönheit der Lilie des Feldes.
Das Meditieren der Schöpferkraft kann das Vertrauen in die Kräfte stärken,
die derselbe Schöpfer in uns, seine Menschen, gelegt hat,
… und darum *sorget nicht.*

Da weht etwas von der biblischen Freiheit,
die von Konventionen löst,
vom Kümmern darum, was der morgige Tag bringt,
die vom kleinlichen Kreisen um sich selbst befreit,
und von der Versklavung unter die eigenen Bedürfnisse.
Sorget nicht.

Ja, das ist der Glaube,
den ich suche
und den ich üben möchte:
Das Vertrauen in die guten Möglichkeiten und Kräfte des Lebens.
Möglichkeiten und Kräfte, die ich nicht aus mir selbst habe,
sondern geschenkt bekomme von der Quelle,
die wir in der biblischen Tradition Gott nennen.

Und dieses Vertrauen ist sozusagen die Bedingung,
das Leben geniessen zu können.

In dieser Sicht müsste das besagte Plakat heissen,
Suche den Glauben an Gott

damit du dich nicht zu sorgen brauchst
und das Leben geniessen kannst.

Allerdings gefällt mir der Vers auch so nicht richtig.
Die Frage, die ich für mein Leben stelle, ist nicht,
ob ich mit oder ohne Glauben an Gott mir weniger Sorgen mache,
ob ich mit oder ohne Gott das Leben mehr geniessen kann.
So stelle ich die Frage bezüglich einer Krankenkasse oder einer Ferienwohnung.

Gott aber kann ich nicht einfach wählen.
Der Gottglaube ist die Verdichtung der Erfahrungen des Lebens,
meiner Geschichte und des Nachdenkens darüber.
Der Gottglaube ist Teil der Persönlichkeit,
der Prägung.
Das kann ich nicht einfach wählen.

Und Sorgenfreiheit und Lebensgenuss
kann für mich nicht ohne weiteres als das hingestellt werden,
worum es im Leben geht.

Tatsächlich gibt es nämlich auch die Seite,
wo ich,
weil ich an Gott glaube,
mir Sorgen mache,
und es gibt die Seite,
da geht es mir nicht darum, das Leben zu geniessen,
sondern das Rechte, das Sinnvolle, das Richtige zu tun.

Und das hat für mich mit Gott,
mit seiner Schöpfung und den darin eingeschriebenen Gesetzmässigkeiten,
mithin mit den biblischen Geboten zu tun.

Trachtet zuerst nach dem Reich und seiner Gerechtigkeit
sagt Jesus nach dem Aufruf, sich nicht zu sorgen.

Und Sie merken, damit kommen wir wieder in den Bereich,
in dem Gott, wie ich ihn in der biblischen Tradition glaube,
Ansprüche stellt und entsprechend Druck aufgebaut wird,
diesen Ansprüchen zu genügen.
Es kommt das Gewissen ins Spiel,
mithin auch Schuld und Versagen.

Ich glaube aber, das lässt sich nicht vermeiden.

Es gehört zur Würde des Menschen,
dass wir schuldfähig und auf Vergebung angewiesen sind.

Vielleicht ist es so etwas wie eine Versuchung der Jetztzeit,
in der wir in Sachen Religion ganz freie Hand haben.
Jeder und jede ist frei zu wählen
und der Gottglaube wird beworben und ausprobiert
wie eine Art Zutat zum Lebensstil:
Wenn er hilft, sorgenfreier und genussvoller zu leben,
wenn er einen Beitrag zum *dont'worry, be happy* leistet,
dann ist er o.K.
und falls nicht, ist es vielleicht doch eher ein Buddha,
oder der Nichtgott der Freidenker.

Der Gott der Bibel kann hier nicht mithalten,
weil es da um ein anderes Menschenbild geht,
weil das Befreiende und das Bindende,
das Evangelium und das Gesetz,
untrennbar ineinander verflochten sind
und das ist eben nicht nur attraktiv.

Ich glaube an Gott, die Quelle des Lebens und das Geheimnis der Welt
und das bedeutet Genuss des Lebens *und* Verantwortung dafür.

Wir können als Kirche
den Zug in die Spass- und Genussgesellschaft nicht mitmachen.
Nicht einfach aus spröden moralischen Gründen,
sondern weil tiefer Genuss des Lebens
nicht ohne Verantwortung dafür zu haben ist.
Das wiederum ist eine Frage des Menschenbildes,
der Mensch als Teil einer Gemeinschaft,
der Mensch als Teil der Natur, so wie sie ist,
mit all ihrer Schönheit und all ihrem Schrecken.

Erst so erlebe ich, dass ich als ganzer Mensch gemeint bin,
im Leben, so wie es ist,
mit den Sonnenseiten,
der Lebensfreude und dem Genuss alles Schönen und Guten,
das das Leben bietet,
auf das ich mit Lob und Dank
dem Schöpfer und dem Geheimnis des Lebens gegenüber reagieren kann.

Und damit verknüpft sind auch die Schattenseiten,

in die die Bosheit und Schuldfähigkeit des Menschen,
die Willkür von Krankheit und Unfall,
die Zerbrechlichkeit alles Natürlichen,
Leid und Tod eingebunden sind.

Das Gebet, *Herr, erbarme Dich unser, miserere nobis;*
das Gebet, *der du trägst die Sünd der Welt, gib uns Frieden,*
dona nobis Pacem,
wie es die Messen in unzähligen Variationen singen,
befreit durch die Bewusstwerdung,
dass unser Geschick nicht in unseren eigenen Händen liegt,
sondern der Horizont in Gott weiter ist, als wir denken können.

So gesehen bin ich der Freidenker - Vereinigung dankbar,
dass sie Menschen mit ihrem Spruch eine Art Steilvorlage geben,
über den Gottglauben nachzudenken,
und dass auch die Fragen erlaubt sein dürfen:

Was bewirkt mein Glaube?
Bewirkt er Gutes?

Amen

Das Kreuz als Symbol des Versagens
Predigt am Karfreitag, 2. April 2010

An Karfreitag 2010 trug das Furlen Ensemble für alte Musik *die Kantate* Christ lag in Todesbanden *von Johann Sebastian Bach (BWV 4) und die* Lamentationes *von Johann Rosenmüller vor. Die Predigt habe ich zwischen beiden Vorträgen gehalten ausgehend von den Worten der Kantate von Martin Luther, die lauten:*

Hie ist das rechte Osterlamm,
Davon hat Gott geboten,
Das ist hoch an des Kreuzes Stamm
In heißer Lieb' gebraten,
Das Blut zeichnet unser' Tür,
Das hält der Glaub' dem Tode für,
Der Würger kann uns nicht mehr schaden.
Halleluja.

Die Lamentationes fussen auf den Klageliedern Jeremias.
Aktuelle Hintergründe der Predigt sind die Statistiken von Amnesty International über vollzogene Todesurteile in der Welt und die Missbrauchsfälle in der katholischen Kirche und an der Odenwald Schule.

Liebe Gemeinde

Martin Luther hat mit dem Text zu dieser Kantate
aus dem Kreuz ein Zeichen des Sieges gemacht.
Hoch an des Kreuzes Stamm
wie er sagt,
wurde die Tat vollbracht,
die die Macht des Würgers brach
und Menschen *Halleluja* singen lässt.

Das ist die österliche Interpretation des Kreuzes,
die bekennt:
Mit der Tat am Kreuz ist der Tod überwunden,
Tod, wo ist Dein Stachel?
wird Paulus spöttisch fragen.

Heute, an Karfreitag,
braucht es noch eine andere als die österliche Interpretation des Kreuzes.
An Karfreitag ist das Kreuz kein Zeichen des Sieges,
sondern des Scheiterns;
kein Zeichen der Macht, sondern der Ohnmacht.

Ich glaube,
es geht darum,
die Spannung zwischen beidem wahrzunehmen
und auszuhalten.

Es liegt eine grosse Weisheit darin,
zwei so unterschiedliche Feste wie Karfreitag und Ostern
innerhalb weniger Tage zu feiern
- das eine braucht das andere.

Heute ist Karfreitag,
und da soll es darum gehen,
das Kreuz als Zeichen, als Mahnmal des Scheiterns zu verstehen.

Jesus war das Opfer eines Justizmordes.
Die jüdischen Behörden,
der Hohe Rat unter dem Hohepriester Kaiaphas, haben versagt.
Sie haben den Unschuldigen in ihrer Angst vor Aufruhr
und vor gewalttätiger römischer Reaktion preisgegeben.
Und die römische Justiz hat versagt,
indem ihr Machtträger Pontius Pilatus
seine Hände in Unschuld wäscht
und dem Pöbel einen Unschuldigen zur Verspottung und Folterung überlässt.

Jesus war das Opfer eines Justizmordes,
mithin Opfer des Scheiterns der Machtelite Jerusalems.

Dieser Mord und die Passion Jesu führen vor Augen,
was geschieht, wenn die Möglichkeit besteht,
dass Unschuldige aufgrund diffuser Interessenslagen und Angstkonstellationen
mit dem Tod bestraft werden *können*.
Was geschieht ist,
dass in solchen Verhältnissen auch tatsächlich
Unschuldige mit dem Tod bestraft *werden*.

Dieser Tage wurde wieder die Statistik der vollstreckten Todesstrafen von Amnesty International publiziert.
Das Kreuz Jesu ist für mich zunächst schlicht Protest gegen die Todesstrafe.

Es ist mir unverständlich,
wie China,
wo jedes Jahr an 1000enden die Todesstrafe vollzogen wird,
aus rein wirtschaftlichen Gründen hofiert wird,

und wie die Vereinigten Staaten von Amerika,
in denen 100te in den Todestrakten auf ihre Hinrichtung warten,
eine ‚Achse des Guten' anführen wollen.

Ich halte den völlig selbstverständlichen Umgang mit Ländern,
die die Todesstrafe praktizieren,
unter dem Diktat wirtschaftlicher Interessen
für eine Art Korrumpierung,
deren Tragweite man nicht unterschätzen sollte.

Die Justiz ist einer der wichtigsten Spiegel einer Gesellschaft.
Wie Gesellschaften mit Schuld und mit Macht umgehen,
hat ganz direkten Einfluss auf die Art und Weise,
wie Menschen im normalen Alltag miteinander umgehen.

Der Karfreitag als Gedenktag eines Justizmordes ist ein guter Anlass,
darüber nachzudenken und die Bemühungen der Leute zu unterstützen,
die sich gegen die Todesstrafe einsetzen.

Auf einer tieferen Stufe
rührt das Kreuz Jesu für mich an die Schuldfähigkeit des Menschen überhaupt.

Es waren bestimmt ganz normale Menschen,
die Jesus plagten und ans Kreuz schlugen.
Sie dachten sich vielleicht nicht einmal viel dabei,
es war ihr Geschäft.
Das ist das Erschreckende:
Menschen sind zu Schlimmem fähig,
wenn man sie lässt, und wenn sie die Möglichkeit dazu bekommen.

In letzter Zeit wurden wir aufgeschreckt von zahlreichen Missbrauchsfällen,
namentlich im katholischen Milieu,
aber auch an renommierten Reformschulen der evangelischen Eliten Deutschlands.

Obwohl Missbräuche an den genannten Orten
nicht häufiger vorkommen als überall sonst,
wo Erwachsene mit Kindern und Jugendlichen zu tun haben,
in Sportvereinen, Jugendgruppen etc.,
wird die Debatte im Zusammenhang mit Kirchen
und Schulen mit besonderem pädagogischem Anspruch
besonders intensiv geführt,
und das zu Recht.

Dem Scheitern von Einzelpersonen
entspricht das Scheitern der Institutionen,
die, solange es irgend möglich war,
die Verharmlosungs- und Vertuschungstaktik gewählt haben,
so dass ein renommierter Kommentator schreibt:
Die katholische Kirche und ihr Papst kehren alles,
was unter den Teppich gekehrt werden kann,
unter den Teppich.

Wenn ich das Kreuz als Mahnmal
des menschlichen Scheiterns, der Schuldfähigkeit
und des entsprechenden Leidens ansehe,
dann sehe ich dieses Jahr besonders die Kinder vor mir,
die diesem Scheitern zum Opfer gefallen sind und weiter zum Opfer fallen.

Da reicht es nicht,
Bedauern auszusprechen und sich zu entschuldigen.
Es reicht auch nicht, Straffällige zu bestrafen.
Der Missbrauch in der katholischen Kirche und an Reformschulen
und der Umgang damit,
ist Hinweis auf tiefliegende Schwächen,
ja Fehler des Menschenbildes der entsprechenden Institutionen.

Das Menschenbild des zölibatären Priesters,
das Menschenbild,
das Sexualität nur zum Zweck der Fortpflanzung in der Ehe zulässt,
entspricht nicht dem Menschen, wie er wirklich ist.

Auch das Menschenbild der Reformpädagogik,
bei dem sich der Lehrer durch Aufgabe seiner Privatsphäre
in pädagogischem Eros den Schülern widmet,
ist eine Überforderung und wirklichkeitsfremd.

Eigenartig,
dass gerade die Kirche,
die Spezialistin ist im Reden von der Sündhaftigkeit des Menschen,
wenn es darauf ankommt,
irgendwie doch nicht mit der Sündhaftigkeit des Menschen rechnet,
sich ihr nicht stellt, und sich weigert, die richtigen Schlüsse daraus zu ziehen.
Mit dem scheiternden Priester oder Lehrer,
bei dem sich die hohen Ansprüche in niedrigste Taten verkehrten,
stellt sich die Frage des Menschenbildes grundsätzlich.
Es zeigt sich,

dass das, was den Menschen
zu einem zivilisierten, sozialverträglichen Wesen macht,
eine relativ dünne Schicht ist.
Darunter ist der Mensch von anderem gesteuert,
als von seinem sozialen Verstand,
nämlich von dem,
was auch seine tierischen Vorfahren steuert.

Jesus am Kreuz ist ein Mahnmahl dafür,
was passiert,
wenn die dünne, zivilisierte Schicht durchbrochen wird,
abfällt,
oder einfach gar nicht da ist.

Das heisst für mich zunächst schlicht:
Tragen wir Sorge zu dieser kultivierten, zivilisierten Schicht.
Geben wir allem Gewicht,
was Menschen kultiviert,
bildet,
erzieht
und zu sozialverträglichen Wesen macht.
Denn wir sind es nicht einfach so,
sondern wir sind es erst,
wenn wir es geworden sind.

Dabei geht es um die grundsätzliche Frage:
Wer sind wir als Menschen?

Ich habe den Eindruck,
dass wir in unserer Gesellschaft Gefahr laufen,
durch die einseitige Gewichtung des *Funktionieren müssens* von Menschen,
das *Kultivieren* aus den Augen zu verlieren.

Der gesunde Mensch im Masskörper,
der eingespannt in wirtschaftliche Prozesse funktioniert,
und der suchtfrei und sportlich aktiv alt wird!
Ist das nicht eigentlich ein verrückter Anspruch an einen Menschen?

Ich bin entsprechend skeptisch gegenüber einer Gesellschaft,
in der fast nur Wohlstand und Gesundheit allgemeingültige Werte darstellen.
Ist es zum Beispiel angemessen,
die Raucher dermassen zu ächten und aus dem öffentlichen Raum zu verbannen?
Oder ist das ein unangemessenes Opfer der persönlichen Freiheit

auf dem Altar einer Art Gesundheitsreligion?
Ich bin skeptisch gegenüber einer Gesellschaft,
in der der Tod zwar allgegenwärtig ist in den Medien,
aber realiter kaum sichtbar,
sondern im Verborgenen der Spitäler und Heime stattfindet.
Eine Gesellschaft, die Berge von Fleisch verzehrt,
aber nicht wissen will, was alles mit der Fleischproduktion zusammenhängt
und dabei aber den Stierkampf als Inbegriff des Bösen anschaut.

In dieser Gesellschaft, die möglichst reibungslos funktionieren,
sauber und gesund sein muss,
wird der Mensch eindimensional,
und dass er mehrdimensional ist
und auch mit der Dimension seiner tierischen Herkunft ausgestattet,
wird irgendwie zu wenig ernst genommen.
Es wird zu wenig gestaltet,
und darauf geachtet, dass daraus möglichst wenig Leiden erwächst,
und man mit dem unumgänglichen Leiden zu leben lernt.

Karfreitag mit dem geschundenen Jesus am Kreuz,
erinnert an die dunkle Seite des Menschen
und an die Aufmerksamkeit, derer sie bedarf
und an die Kultur, die es braucht,
einen Weg zu finden,
der der Vieldimensionalität des menschlichen Wesens entspricht.

In der vielgestaltigen Kultur,
die die Christenheit in der Passionszeit entwickelt hat,
sehe ich eine Facette davon verwirklicht.
Es gibt in der Kirche eine alte Tradition,
in der der leidende Christus Inbegriff für das Verständnis
und die Teilhabe am Leiden überhaupt wurde.
Jesus versteht mein Leiden, weil er selber gelitten hat;
Jesus versteht meine Ohnmacht als Opfer,
weil er selber ohnmächtiges Opfer war.
Dieser Gedanke ist vielen zum Trost geworden.

Wir hören jetzt dann die Lamentationes, die Klagelieder
die Johannes Rosenmüller um 1660 vertont hat.
Die Kultur der Klagelieder gibt dem Leiden Ausdruck
und gestaltet sie so.

Geklagt wird in diesem Stück mit den Worten des Propheten Jeremia,
die er nach der Zerstörung des Tempels und der Hauptstadt Jerusalem,
im darauf folgenden Exil aufgeschrieben hat.

Diese Worte sind Teil des Stundengebets geworden,
das vom Gründonnerstag bis am Karsamstag am frühen Morgen
gelesen und gesungen wird.

Ich habe das Leiden meines Volkes gesehen
ist das Bekenntnis der ersten Stunde der Bibel:
Gott, der sich über die geschundenen Sklaven in Ägypten erbarmt,
und sie aus der Gefangenschaft befreit.
An dieses Urerlebnis wird in der aktuellen Not erinnert.

In den Lamentationes an Karfreitag
verbindet sich
das erinnerte Leiden des Gottesvolkes nach der Zerstörung Jerusalems
mit dem je individuellen Leiden.
Es verbindet sich mit dem Leiden Jesu,
sodass sein Weg durch das Leiden hindurch zum Vorbild dafür wird,
dass Gott dieses Leiden sieht.
Jesus selbst ist uns in seinem Leiden vorausgegangen
und hat es überwunden.
Auf diese Weise kann für uns das Kreuz
doch auch zum Zeichen des Sieges werden.

Amen

Über das Kreuz im öffentlichen Raum
Predigt über 1. Kor 13,23 am Reformationssonntag, 7. November 2010

Die Entlassung eines Lehrers im Kanton Wallis, der sich weigerte, in seinem Schulzimmer ein Kruzifix hängen zu lassen, wurde in den Medien breit verhandelt. Es folgten weitere Proteste gegen Kruzifixe in Schulzimmern und auch ein Fall von Zerstörung von Gipfelkreuzen machte von sich reden. Das legte mir nahe, über die Bedeutung von Kreuzen im öffentlichen Raum nachzudenken.
Ausgangspunkt ist der berühmte Vers aus dem 1. Korintherbrief.

Wir aber predigen den gekreuzigten Christus,
den Juden ein Ärgernis und den Griechen eine Torheit. (1Kor 13,23)

Liebe Gemeinde

Was bedeutet für Sie das Kreuz; und wo darf, wo soll es stehen - und wo nicht?

Diese Fragen haben in den letzten Tagen
wieder eine gewisse Öffentlichkeit bekommen.
Die Medien brachten den Fall der Entlassung von Valentin Abgottspon,
des Präsidenten der Walliser Freidenker - Vereinigung
breit heraus.
Er wurde als Oberstufenlehrer in Stalden im Zusammenhang mit seiner Weigerung,
im Schulzimmer ein Kruzifix hängen zu lassen,
entlassen.
Im selben Zeitraum klagte ein Vater im Luzernischen Triengen
gegen das Kruzifix im Schulzimmer seiner Kinder,
worauf die Schulbehörden
die Kruzifixe durch schlichte Holzkreuze ohne den Körper von Jesus ersetzten.
Der Kläger aber wollte die Kreuze ganz weg haben
und berief sich dabei, wie der Walliser Lehrer,
auf das Bundesgerichtsurteil aus dem Jahr 1990,
welches besagt,
dass das Anbringen von Kruzifixen
in Schulzimmern der Primarschule in der Tessiner Gemeinde Cadro
gegen die verfassungsmässig garantierte Neutralität
an der öffentlichen Schule verstösst.

Sowohl der Lehrer von Stalden
als auch der klagende Vater von Triengen
waren üblen Beschimpfungen bis hin zu Morddrohungen ausgesetzt,

worauf besagte Familie von Triengen die Schweiz verliess.
Valentin Abgottspon kämpft weiterhin mit Rechtsmitteln
und öffentlichen Auftritten für seine Ideen.
So wurde er in die *Arena* des Schweizer Fernsehens eingeladen,
um unter dem Titel *Das Kreuz mit dem Kreuz* zu diskutieren.

Die Sendung und das Thema wurden in den Medien breit verhandelt,
es wurden auf der Internetseite der *Arena*
mehr als 450 Kommentare dazu geschrieben,
weit mehr als zu allen anderen *Arena*sendungen der letzten Wochen.

In diesem ganzen Medienwind wurden auch die Gipfelkreuze
auf den Schweizer Bergen zur Debatte gestellt.
Es wurde der Fall des Freiburger Bergführers neu herausgebracht,
der vor einem Jahr mehrere Gipfelkreuze umgesägt hatte,
aus Wut über die Schandtaten der Kirche, wie er sagte.
Die Freidenker - Vereinigung liess verlauten,
sie werde die Bewilligigungsbehörden
für die Restauration oder Neuerrichtung von Gipfelkreuzen
mit Beschwerden eindecken.
Der *Blick* hat die Sache ebenfalls gross herausgebracht.

Was steckt hinter diesen Diskussionen?
Wie kommt es, dass ein Thema, das mit Religion zu tun hat,
so breit diskutiert wird und so hohe Wellen wirft?

Hintergrund ist die Frage der öffentlichen Präsenz von Religion,
mithin des Verhältnisses von Staat und Kirche,
sowie von Staat und Religion überhaupt.

Die Energie, die in den Diskussionen um das Kreuz steckt,
kommt aus der Unsicherheit bezüglich unserer kulturellen Identität:
Sind wir eine christliche Nation?
Wie steht es um die christlichen Wurzeln unseres Landes?
Fussen unsere das Gemeinwesen erhaltenden Werte auf dem Christentum,
und sind sie darum zu bewahren und zu pflegen?
Oder ist es genau umgekehrt,
dass die staatstragenden Werte
gegen den Widerstand von Kirchen und Christenheit durchgesetzt werden mussten,
sodass das, was das Gemeinwesen zusammenhält und voranbringt,
von Religion behindert, wenn nicht gar hintertrieben wird?
Diese Fragen werden so brisant,
weil wir in einer tiefen Identitätskrise stecken.

Wir stellen fest:
der Wunsch nach möglichst grosser Freiheit von Bindungen
hat eine gewisse Orientierungslosigkeit und Leere zur Folge.
Was Menschen untereinander verbindet und zusammenhält,
im Dorf, im Kanton und im Land, ist diffus.
Menschen werden immer unterschiedlicher,
auch als Folge der Migration werden die Unterschiede von Religion,
Werthaltungen, Lebensstilen etc. immer grösser.
Es gibt viele Anzeichen dafür,
dass Menschen unter dem Diktat von Produktion und Konsum,
von Spass und Entertainement
verkümmern und verrohen
und dabei die Ressourcen verschleudern,
die den nachkommenden Generationen fehlen werden.

Die Frage dabei ist nun,
welche Rolle Religion spielen kann und soll,
um unsere geistigen, geistlichen und kulturellen Bedürfnisse
wahrzunehmen und zu pflegen,
und den sozialen Zusammenhalt
sowie ein friedliches Zusammenleben
zu befördern.

Was man in der Debatte um die Kreuze feststellen kann, ist,
dass es eine allgemeine Tendenz zur Bewahrung des Alten gibt,
zur Stärkung alter Traditionen
und zur Abwehr des Fremden.
Ich glaube, das Revival der schweizerischen Volksmusik und des Brauchtums
steht in diesem Zusammenhang,
ebenso wie die Förderung der schweizerischen Mundarten,
oder die Stärkung von Traditionen rund um die christlichen Feste.
Die Kehrseite davon ist die Angst vor anderen Religionen,
insbesondere vor dem Islam.

Das Kreuz, das auch unser Nationalwappen ziert,
und zu unserer Religion gehört,
hat von dieser Bewegung profitiert.
Das Kreuz hat auch etwas mit Heimat zu tun.
Dabei kommt ihm zugute,
dass es sozusagen ein ästhetischer Glücksfall ist:
Es machte sich schon gut auf Rüstungen und Fahnen im Mittelalter,
und man sieht es auch heute noch gerne auf modischen Assecoires
und noch lieber in Madonnas Ausschnitt.

Dabei muss man aber gerade auch von kirchlicher Seite bedenken,
dass das Kreuz jenseits von Ästhetik
als religiöses Symbol nicht eindeutig ist.

Wenn ich in Stalden wohnen würde,
dem früheren Arbeitsort des entlassenen Lehrers Abgottspon
und das Kreuz im Schulzimmer bedeutete,
dass der Lehrer mein Kind,
wie es im Walliser Schulgesetz heisst,
zum Menschen und Christen erzieht,
so wie die katholische Kirche das Mensch- und Christsein versteht,
also mit der ganzen mittelalterlichen Sexualmoral,
mit der Vorstellung,
dass Frauen nicht würdig sein können für die wirklich wichtigen Ämter,
dass es für eine funktionierende Organisation
eine straffe Hierarchie ohne Demokratie an entscheidender Stelle braucht usw. usf.
und wenn ich dann noch geschieden wäre oder homosexuell,
ja dann würde ich das Kreuz auch aus dem Schulzimmer entfernt haben wollen,
damit ein anderer Geist einziehen kann.
Dann würde ich auch auf eine strikte Trennung von Kirche und Staat pochen,
damit ich im öffentlichen Raum möglichst von der Kirche verschont bliebe.

Tatsächlich kann das Kreuz für alle Schattenseiten der Kirchen stehen,
und ich glaube, den Kirchen tun die Freidenker gut,
wenn sie helfen, dies in der Erinnerung wach zu halten.

Allerdings finde ich die Fixierung auf die Schattenseiten der Kirchen
und des Kreuzes als Symbol auch ziemlich borniert.
Es gibt auch noch andere Möglichkeiten,
das Kreuz zu verstehen.

Entscheidend für die kirchliche Arbeit finde ich nicht,
ob wir die Macht haben,
religiöse Symbole im öffentlichen Raum zu verteidigen.

Wichtiger ist,
wie es den Kirchen gelingen kann,
ihre positive Relevanz
für die allgemeinen, gesellschaftlichen Herausforderungen
im Hier und Jetzt und in Zukunft unter Beweis zu stellen.

Die Kirchen werden ja nach wie vor in den meisten Kantonen der Schweiz
privilegiert behandelt.

Es gibt eine ganze Reihe von Verflechtungen von Kirchen und Staat,
ohne die die Kirchen nur Bruchteile ihrer Arbeit machen könnten.
Ich finde es richtig,
dass diese Verflechtungen nicht einfach selbstverständlich sind.
Die Kirchen sollen den Beweis erbringen,
dass sie einen entsprechenden Beitrag für das Gemeinwohl leisten.

Dabei gibt es Bereiche, die relativ einfach zu dokumentieren sind:
Die diakonische Arbeit,
die offene Kinder- und Jugendarbeit,
die Arbeit mit sozialen Randgruppen,
die Seniorenarbeit,
die Seelsorge in Spitälern, Gefängnissen und in den Kirchgemeinden.

Da wird mit vielen Angestellten und mit noch mehr Freiwilligen viel geleistet,
für relativ wenig Geld, jedenfalls für weniger Geld,
als wenn staatliche Stellen diese Aufgaben übernehmen müssten.

In diesem Zusammenhang hat gerade die Baselbieter Kantonalkirche
bei der Fachhochschule Nordwestschweiz
eine Studie in Auftrag gegeben unter dem Titel
Die sozialen Leistungen der Landeskirchen des Kantons Baselland.
Nächstens wird der Bericht vorliegen
und man wird in der Presse darüber lesen können.
Diese sozialen Leistungen rechtfertigen sowohl die Steuern juristischer Personen
als auch den Kantonsbeitrag,
der den Kirchen gemäss ihren Mitgliederzahlen von der Staatskasse entrichtet wird.

Die Verflechtung von Kirchen und Gemeinwesen
geht aber noch weit über diesen deutlich sichtbaren Teil hinaus.
Sie hat etwas mit Werten, Prägungen, dem Menschbild,
mithin mit dem Rechtsverständnis, mit Bildungsidealen und mit Vorstellungen von
sozialer Gerechtigkeit zu tun.

Und so kommen wir auf das Kreuz als Symbol zurück.
Die Frage ist: Steht das Kreuz für etwas Positives?
Symbolisiert es etwas, das den Menschen hilft,
ihnen Orientierung gibt,
sie tröstet, aufmuntert, anstachelt,
liebesfähig, konfliktfähig und friedfertig macht?
Steht das Kreuz für etwas,
das dazu beiträgt,
Menschen sozialkompetent und eigenverantwortlich werden zu lassen?

Solches soll man eben nicht nur behaupten,
sondern es muss auch so sein,
sichtbar und einleuchtend.

Der spannendste Moment in der erwähnten *Arena*sendung
war für mich eine Auseinandersetzung zwischen
dem entlassenen Lehrer und Freidenker Valentin Abgottspon
und dem katholischen Pfarrer und Sprecher des Bistums Sitten, Paul Martone.
Pfarrer Martone sagte,
es bräuchte für ihn nicht weniger, sondern mehr Kreuze,
denn das Kreuz erinnere ihn daran, dass er christlich leben solle.
Das Problem sei eben, dass die Menschen zuwenig christlich lebten.

Da erwiderte Valentin Abgottspon,
er habe am meisten Angst vor den richtigen Christen,
vor denen, die ihren Glauben so richtig ernst nähmen.
Von ihnen nämlich habe er Morddrohungen erhalten und die Aufforderung,
von einer Brücke zu springen oder Rattengift zu essen.
Und der Pfarrer von Stalden
habe kein einziges Wort dagegen gefunden,
weder in der Messe noch sonst.

Dieser Dialog zeigt eindrücklich,
wie der Pfarrer lange schön reden kann,
solange der Beweis für jemanden persönlich nicht erbracht ist,
dass die christliche Botschaft, für die das Kreuz steht,
wirklich einen Beitrag zur Nächstenliebe,
zur Freiheit oder zum Friedenstiften leistet.
Ohne diesen Beweis
bleiben solche Worte leer.

Dabei ist es - zumal auch für Aussenstehende - gar nicht so einfach,
das beurteilen zu können.
Ich nenne ein paar Beispiele:
Was macht es wirklich mit einem Kind,
das die ganze Karriere der Erstkommunion bis hin zur Firmung,
mit der Beichte und vielleicht dem Ministrieren durchlaufen hat?
Was lernt ein Kind bei uns,
das die kirchliche Unterweisung bis zur Konfirmation durchläuft
mit allem was dazugehört,
und was fehlt ihm, wenn es das nicht macht?

Was würde fehlen,

wenn Menschen nicht mehr kirchlich bestattet oder kirchlich getraut würden,
wenn es keine Taufe mehr gäbe?
Was wäre,
wenn keine theologisch geschulten Leute mehr
auf der Grundlage der Bibel das Zeitgeschehen zu interpretieren versuchten,
wenn keine Gottesdienste mehr stattfänden
und die Pfarrhäuser leer stünden?

Fest steht,
der Ruf, die Religion aus dem öffentlichen Raum zu verbannen,
wird umso leiser, je deutlicher Menschen die Erfahrung machen,
wie die Auseinandersetzung mit dem christlichen Erbe
und seine Pflege
Menschen hilft,
reife, freie und sozialkompetente Persönlichkeiten zu werden.

Dabei,
und das sollten wir wirklich auch selbstbewusst betonen,
gibt es im christlichen Erbe nicht nur Schatten,
sondern auch grosse Schätze.
Die Worte zum Beispiel,
die wir in der Lesung als *Lobgesang der Maria* hörten,
die Sozialutopie,
wie *Mächtige von den Thronen gestossen werden und Niedrige erhöht*,
wie *Hungrige gesättigt werden mit Gutem*,
und *Barmherzigkeit gilt von Geschlecht zu Geschlecht*. (Lk 1,52ff)

Das ist Teil des Weges, der Jesus ans Kreuz geführt hat.
Und auch dafür steht das Kreuz:
Für *die Kraft Gottes,*
die in den Schwachen mächtig ist.

Amen

Der *gerechte Spross*: Gerechtigkeit als adventliche Hoffnung
Predigt über Jeremia 23,5-8, 1. Advent, 28. November 2010

Der 1. Advent war im Jahr 2010 in der Schweiz ein Abstimmungssonntag. Es wurde über die Volksinitiative für die Ausschaffung von kriminellen Ausländern *und über die* Steuergerechtigkeitsinitiative *abgestimmt. Erstere verlangte die Ausweisung von rechtmässig in der Schweiz ansässigen, ausländischen Staatsbürgern, die rechtskräftig für bestimmte in einer Liste aufgeführte Delikte verurteilt wurden.*
Die zweite verlangte, dass reiche Schweizer in allen Kantonen einen Mindeststeuersatz bezahlen müssen, sodass der Steuerwettbewerb unter den Kantonen eingeschränkt würde.
Meine Predigt hat diese beiden Initiativen, über die die Leute am Sonntagmorgen bereits abgestimmt hatten, zum Hintergrund. Es war im Vorfeld schon deutlich geworden, dass die Ausschaffungsinitiative angenommen, die Steuergerechtigkeitsinitiative hingegen abgelehnt würde.
Biblische Grundlage der Predigt ist die Ankündigung eines gerechten Sprosses aus dem Geschlecht Davids durch den Propheten Jeremia.

5 Sieh, es kommen Tage, Spruch des HERRN, da lasse ich für David einen gerechten Spross auftreten, und dieser wird als König herrschen und einsichtig handeln und Recht und Gerechtigkeit üben im Land.
6 In seinen Tagen wird Juda gerettet werden, und Israel wird sicher wohnen. Und dies ist sein Name, den man ihm geben wird: Der HERR ist unsere Gerechtigkeit!
7 Darum, sieh, es kommen Tage, Spruch des HERRN, da wird man nicht mehr sagen: So wahr der HERR lebt, der die Israeliten heraufgeführt hat aus dem Land Ägypten!,
8 sondern: So wahr der HERR lebt, der die Nachkommen des Hauses Israel heraufgeführt und hergebracht hat aus dem Land des Nordens und aus allen Ländern, wohin er sie versprengt hat! Dann werden sie auf ihrem eigenen Boden wohnen.

Liebe Gmeinde

Der Prophet Jeremia hat sich heftig mit dem damaligen König von Jerusalem mit dem Namen Zedekia, angelegt.
Zedekia heisst *meine Gerechtigkeit ist Jachwe*.

Gerechtigkeit war schon in dieser Zeit ein Reizwort.
Was ist gerecht?
Wie lässt sich Gerechtigkeit schaffen?

Wie lässt sich Gerechtigkeit bewahren?
Was lässt sich gegen Ungerechtigkeit unternehmen?

Den Namen Zedekia *meine Gerechtigkeit ist Jachwe*
hat der israelitische König vom babylonischen Machthaber bekommen.
Dieser hatte ihn als König eingesetzt und ihn kurzerhand von *Mattanja*,
was *Geschenk Jachwes* heisst, in *Zedekia* umbenannt
und damit klargstellt,
dass Babylon definiert, was gerecht ist.

Die Grossmacht im Norden von Israel
hatte die Hauptstadt Jerusalem im Jahr 597 vor Christus erobert
und die Oberschicht mitsamt dem Königshaus nach Babylon verschleppt,
ins sogenannte babylonische Exil.
Die Babylonier haben Zedekia als König eingesetzt,
und Israel musste hohe Tributzahlungen an Babylon entrichten.

Das hat man natürlich als ungerecht und demütigend empfunden,
und der Königsname
in dem *Gerechtigkeit* und *Gott* vorkommt,
musste dabei wie ein Hohn geklungen haben.

Als im Süden die Ägypter stärker wurden,
meinte Zedekia, er könne sich mit ihnen verbünden
und sich so aus der Abhängigkeit von Babylon lösen.
Dabei hoffte er wohl, keinen Tribut mehr an die Unterdrücker bezahlen zu müssen.

Der Prophet Jeremia hat sich heftig
gegen diesen politischen Schachzug zu Wort gemeldet,
und dabei erfolglos die Pläne des Königshofes kritisiert.

Tatsächlich sind diese Pläne dann auch gescheiteret
und Babylon hat sich furchtbar dafür gerächt:
587 vor Christus ist Jerusalem zerstört worden,
und Zedekia wurde schrecklich bestraft.

Zur Zeit, in der unser biblischer Abschnitt spielt,
hat man auf diese Ereignisse mit Schrecken zurückgeblickt.
Das Volk war in der babylonischen Gefangeschaft,
und da tritt der Prophet Jeremia auf und verkündet eine Wende:

Sieh, es kommen Tage, Spruch des Herrn,
da lasse ich für David einen gerechten Spross auftreten,

und dieser wird als König herrschen,
und einsichtig handeln
und Recht und Gerechtigkeit üben im Land.
Und dies ist sein Name, den man ihm geben wird:
Der Herr ist unsere Gerechtigkeit.

Der Prophet Jeremia hat also den Leuten verkündet,
dass das babylonische Exil ein Ende haben wird
und sie werden in ihre Heimat zurückkehren können.
Derjenige, der den Namen Zedekia zurecht trägt,
wird kommen, und *Recht und Gerechtigkeit üben*.

Im Volk Israel hat sich die Hoffnung auf den Spross Davids
in der Hoffnung auf den Messias verdichtet.

Als Jesus von Nazaret in Palästina aufgetreten ist,
haben viele Leute in ihm den erwarteten Messias erkannt.
Schriftgelehrte haben in den alten Schriften
die Hinweise auf den Messias als Prophezeiungen gedeutet,
die sich in Jesus von Nazareth erfüllt haben.

Das ist der Hintergrund, warum der Ausschnitt aus dem Jeremiabuech
am heutigen 1. Advent als Grundlage für die Predigt vorgeschlagen ist.

Dabei kommen wir einem wesentlichen Teil
des christlichen Bekenntnisses auf die Spur.
Das christliche Bekenntnis zu Jesus Christus als dem Messias,
ist ein hintergründiges:
Einerseits ist Jesus schon gekommen
als Messias mit einleuchtender Kraft in dem,
was er gesagt und gemacht hat.
Andererseits aber steht vieles noch aus, von dem, was verheissen ist.

Diese Spannung wahrzunehmen ist etwas vom tiefen Sinn des Advents.
Sieh, es kommen Tage.
Im Wort *kommen* ist die adventliche Spannung schön ausgedrückt:
Was kommt, ist noch nicht da,
und doch ist es schon da,
in der Hoffnung und im Vertrauen darauf,
dass es kommen wird.

Und das, was kommen wird, hat wesentlich mit Gerechtigkeit zu tun.
Zu den zentralen Aussagen von Jesus gehören die Worte aus der Bergpredigt

Trachtet zuerst nach seinem Reich und seiner Gerechtigkeit,
das Übrige wird Euch hinzugetan werden. (Mt 6,33)
oder
Glücklich sind die hungern und dürsten nach der Gerechtigkeit
sie werden gesättigt werden. (Mt 5,6)

Es gibt diese Spannung zwischen dem Glauben einerseits,
dass die Prophezeiung schon erfüllt ist:
die Völker haben Dein geharrt
bis dass die Zeit erfüllet ward
da sandte Gott von seinem Thron,
das Heil der Welt, dich deinen Sohn
wie wir im Weihnachtslied singen,
und der Hoffnung auf Erfüllung andererseits:
Wo bleibst du Trost der ganzen Welt
darauf sie all ihr Hoffnung stellt?
wie es im Adventslied *O Heiland reiss die Himmel auf* heisst.

Diese Spannung bildet sich im Leben von Jesus selber dramatisch ab.
Er ist Opfer eines Justizmordes geworden,
des Versagens von Recht und Gerechtigkeit.
An den ungerechten Zuständen in Palästina unter der römischen Besatzung
und dem verrückten König Herodes Antipas und seinen Nachfolgern
hat sich zur Zeit Jesu nichts geändert.

Aber Jesus hat Menschen überzeugt,
mit dem, was er gesagt und gemacht hat.
Und Jesus hat Hoffnungen geweckt,
die in Menschen in seiner Nachfolge aufgehen,
wachsen und Früchte tragen.
Sie gleichen einem Senfkorn,
das winzig klein ist,
aber wenn es aufgeht,
zu einem veritablen Baum wird,
in dem die Vögel ihre Nester bauen. (Mt 13,31f)

Eine wesentliche adventliche Frage richtet sich darum
auf unsere Hoffnungen bezüglich der Gerechtigkeit.

Und selbstverständlich ist das auch eine politische Frage.

In den Kommentaren zu den heutigen Abstimmungen
wird das Wort Gerechtigkeit viel vorkommen,

eine Initiative, worüber wir heute abgestimmt haben,
trägt das Wort sogar in ihrem Namen: *Steuergerechtigkeitsinitiative.*

Es ist dabei klar, dass nicht überall, wo Gerechtigkeit drauf steht,
auch Gerechtigkeit drin ist.
Was eine gerechte Steuerpolitik ist,
ist eine sehr komplexe Frage.

Was mich allerdings sehr betroffen macht, ist,
dass es in den Diskussionen und im Abstimmungsverhalten gar nicht darum ging,
nach dem zu suchen, was gerecht ist,
sondern nur nach dem, was einem selber am meisten nützt.

Ich war am vergangenen Donnerstag
im Talk der *Volksstimme* in der Oberen Fabrik in Sissach,
wo Ueli Mäder Gast war.
Er hat eine Untersuchung
über die Verteilung des Reichtums in der Schweiz* geleitet,
und darüber Auskunft gegeben.

Es ist schon erschütternd, wenn man sich vor Augen führt,
wie die Schere zwischen Reichen und Superreichen einerseits
und dem grossen Rest andererseits,
immer schneller und weiter auseinanderdriftet.

Es ist erschütternd,
wie ein minimaler Prozentsatz von Leuten
über einen maximale Anteil an finanziellen Mitteln
und damit an Macht verfügt.
Denken sie beispielsweise nur einmal über diese Zahlen nach:

3% der privaten Steuerpflichtigen in der Schweiz
haben gleichviel Nettovermögen wie die restlichen 97 %.

So krass ist das Missverhältnis nirgends auf der Welt,
ausser in Singapur und in Hongkong.

Hier geht es nicht einfach nur um das Glück der Tüchtigen,
oder den Preis der Fleissigen,
sondern es geht um eine neue Form von Feudalismus,
der sich ungerechten Strukturen verdankt.

* (Mäder Ueli, Aratnam Ganga Jey, Schillinger Sarah, Wie Reiche denken und lenken, Reichtum in der Schweiz, Geschichte, Hintergründe, Fakten, Zürich 2010)

Stichworte dafür sind:
Erbschaftssteuer,
Pauschalbesteuerung,
Steuerwettbewerb unter de Kantonen und den verschiedenen Ländern,
oder auch Löhne und Boni.
Klar ist es für mich, dass es bei diesen Fragen um Gerechtigkeit gehen muss,
und nicht nur darum:
Was nützt mir?
Was nützt dem Kanton Baselland?
Was nützt der Schweiz?

Es braucht gerechtere Regulierungen
und eine gerechtere Lastenverteilung.
Es darf nicht sein,
dass Gewinne privatisiert sind,
währenddessen die Risiken durch die Steuerzahler gedeckt werden müssen.

Zu recht gehen zur Zeit Hunderttausende auf die Strasse,
die die Hauptlast der Finanz- und Schuldenkrise zahlen müssen,
obwohl sie diese nicht verschuldet haben.

Diese Gedanken sind überhaupt nicht von Neid auf Reichtum gesteuert,
Ich mache mir jedoch Sorgen
um den sozialen Frieden in unserem Land.
Und ich finde, niemand ist einfach selber Schuld,
wenn ihm oder ihr das Geld für ein anständiges Leben immer wieder fehlt.

In der Adventshoffnung
er wird Recht und Gerechtigkeit üben
sehe ich den Auftrag und die Motivation dranzubleiben,
und sich dafür einzusetzen,
was man für gerecht hält.

Und so ist es für mich auch schwer erträglich,
wie die andere Initiative, über die wir heute abstimmen konnten,
in rechtlicher Hinsicht vielfältig bedenklich ist,
ganz abgesehen von der Menschen verachtenden Symbolik,
die im Abstimmungskampf der *Ausschaffigsinitiative* Schub gegeben hat.

Ich weiss, viele von ihnen sehen das anders,
und alle haben ihre Gründe, warum sie so oder anders abstimmen.
Aber ich kann nicht über die Gerechtigkeit predigen,
ohne meiner Sorge Ausdruck zu geben,

dass wir in der Schweiz daran sind,
wichtige Rechtsgüter preiszugeben.

Ich habe Angst vor einer Rechtsprechung,
die Automatismen einführen will,
und dabei den einzelnen Menschen nicht in den Blick nimmt.

Ich habe Angst vor einer Rechtsprechung,
die den Grundsatz der Verhältnismässigkeit verlässt.

Und ich habe Angst vor einer Rechtssprechung,
die so tut,
als wären bestehende internationale Verträge,
Menscherechte und humanitäres Völkerrecht
einfach irgend ein Luxus,
auf den man gut auch verzichten kann.

Die Kriminalität von Ausländern,
die Integration von Ausländern,
die Tatsache, dass Immigranten zum grossen Teil andere Religionen haben
und vieles mehr
stellen uns vor grosse Herausforderungen und Probleme.

Dabei muss man aber zuerst einmal gerechterweise sagen,
dass die Ausländer nicht bei uns sind, weil wir so gute Menschen sind,
sondern weil wir sie brauchen,
und wesentliche Teile fast aller Sparten unserer Wirtschaft
still ständen ohne sie.

Nur schon das verpflichtet.

Und dann braucht es eine Politik,
die wirklich Probleme lösen
und nicht nur Wähler generieren und Stammtischapplaus einfahren will.

Dabei sehe ich es als Aufgabe der Kirchen an,
sich mit Gedanken von Recht und Gerechtigkeit einzubringen.

Ich mache mich gefasst darauf,
dass die Verteilkämpfe
und die sozialen Spannungen in den nächsten Jahren zunehmen werden.

Die Adventsbotschaft ist kein Fluchtpunkt,

wo es nur gemütlich, warm und schön ist.
Die Adventsbotschaft ist auch
der Weckruf und das Kultivieren der Sehnsucht nach Recht und Gerechtigkeit,
sowie die Suche nach dem Glauben an die Verheissung:
denn sie werden gesättigt werden.

So wird sich erfüllen, was der Prophet gesagt hat:

Der Herr ist unsere Gerechtigkeit

Amen

Gott als Richter
Predigt im Rahmen des Mittelalterfestes auf der Homburg, 5. Juni 2011

Anfangs Juni 2011 wurde die Burgruine Homburg, nach der das Homburgertal benannt ist, nach gründlicher Renovation dem Publikum im Rahmen eines grossen Mittelalterfestes wieder zur Besichtigung übergeben. Teil des Festes war ein Gottesdienst im Wohnturm der Burg. Der Kirchenchor Rümlingen trug dabei unter anderen die Lieder Ein feste Burg ist unser Gott *und* Die güldne Sonne *vor. Ausgehend von dem, was eine Burg bedeutet, thematisiere ich das Motiv* Gott als Richter, *das im Mittelalter so wichtig war.*

Liebe Gemeinde

Ein feste Burg ist unser Gott

Was ist für Sie eine Burg?
Und was ist für Sie Gott?

Wenn Sie diesen Fragen nachgehen,
werden Sie,
liebe Leserin, lieber Leser,
wohl bald feststellen,
dass beide,
Burg und Gott verschiedene Gesichter haben.

Eine Burg ist für uns einerseits ein imposantes Bauwerk.
Auch wenn die Homburg nur noch eine Ruine ist,
ahnen wir etwas von ihrer früheren Grösse und Schönheit.
Wir kennen Burgen
als architektonische, baumeisterliche und handwerkliche Glanzleistungen.
Wir sehen die Burg als Wehr und Schutz vor Feinden und Räubern.
Wir sehen vor dem geistigen Auge darin Ritter in ihren glänzenden Rüstungen,
Männer, die noch richtige Männer waren,
mutig, stark, ehrenhaft,
wir sehen das Burgfräulein,
hold und stolz
und wir hören im inneren Ohr den Minnesänger, der ihr sein Lied vorträgt.

Andererseits aber schaudert es uns ob einer Burg.
Da sind die dunklen Verliesse mit ihren Folterwerkzeugen,
die finsteren Vögte,
die so hartherzig sein konnten, wie jener von der Waldenburg,

der der Sage gemäss zu Stein wurde,
weil sein Herz so hart war wie Stein.

Eine Burg kann Symbol der Unterdrückung und Ausnutzung
durch fremde Herren sein,
Ausdruck der sozialen Ungleichheit,
und in diesen Mauern
hören wir fast noch den Widerhall des Feuers,
mit dem der alten Herrschaft ein Ende bereitet wurde.
Wer gestern die Verbrennung der Skulptur gesehen hat,
spürte vielleicht etwas vom Triumph,
den die Untertanen erlebt haben müssen,
als die Burg,
Symbol der alten Herrschaft,
in Flammen aufging.

Und Gott?

Wenn wir an den Gott der Leute im Mittelalter denken,
trägt er vielleicht das Gesicht dessen,
der durch wunderbare Gesänge gelobt wurde,
und dem zu Ehren wunderschöne Kirchen gebaut wurden.
Wenn wir an den Gott des Mittelalters denken,
dann kommt uns vielleicht
das klösterliche Leben mit seiner Übersichtlichkeit
und seinem Rhythmus im Tagesablauf mit den Ess- und Gebetszeiten in den Sinn,
ein Leben, das zu einer Art Gegenentwurf
zum Gehetz des Terminkalender geplagten
und i-phonisierten Zeitgenossen geworden ist.

Andererseits
sehen wir vielleicht im Gott des Mittelalters denjenigen,
in dessen Namen die Schrecken der Kreuzzüge,
der Inquisition und Hexenverfolgungen und all das geschehen ist.
Wir sehen seine Päpste,
die in unzählige Kriege mit den Kaisern verstrickt sind,
ganz zu schweigen von den verfressenen und versoffenen Mönchen,
den geld- und machtgierigen Priestern,
die dankbare Motive in den unzähligen Mittelalterfilmen
seit *Im Namen der Rose* sind.

So ist auch der Gott des Mittelalters,
oder mindestens unser Bild von ihm, seltsam doppelgesichtig.

Einerseits sind wir heilfroh,
dass wir nicht in dieser Epoche auf die Welt gekommen sind,
und nicht an diesen Gott der Scheiterhaufen,
Ablasskasten und Inquisitionsgerichte glauben.
Andererseits aber merken wir,
wie uns auch der Gott, für den die schönen alten Kirchen gebaut wurden
und der mit den gregorianischen Gesängen geehrt wurde,
abhanden gekommen ist
und es gibt bei vielen eine Art Sehnsucht nach diesem Gott
und nach der Übersichtlichkeit und Schlichtheit einer Frömmigkeit,
die eng verbunden ist
mit den Abläufen der Natur
und den oft sehr langsamen Rhythmen des Lebens,
wie wir sie im Mittelalter vermuten.

Ich möchte mit Ihnen in der Folge über ein spezielles Bild von Gott nachdenken,
das im Mittelalter eminent wichtig war,
heute aber eher den Schrecken dieser Epoche zugerechnet wird.

Ich meine die Vorstellung des jüngsten Gerichtes.
Als biblische Grundlage dazu
stehen die Worte aus dem Mathäusevangelium dem 25. Kapitel,
die über Jahrhunderte und gerade im Mittelalter
zu den wirkmächtigsten Bibelworten gehört haben:

31 Wenn aber der Menschensohn in seiner Herrlichkeit kommt und alle Engel mit ihm, dann wird er sich auf den Thron seiner Herrlichkeit setzen.
32 Und alle Völker werden sich vor ihm versammeln, und er wird sie voneinander scheiden, wie der Hirt die Schafe von den Böcken scheidet.
33 Und er wird die Schafe zu seiner Rechten stellen, die Böcke aber zur Linken.
34 Dann wird der König denen zu seiner Rechten sagen: Kommt her, ihr Geseg neten meines Vaters, empfangt als Erbe das Reich, das euch bereitet ist von Grundlegung der Welt an.
35 Denn ich war hungrig, und ihr habt mir zu essen gegeben. Ich war durstig, und ihr habt mir zu trinken gegeben. Ich war fremd, und ihr habt mich aufgenommen.
36 Ich war nackt, und ihr habt mich bekleidet. Ich war krank, und ihr habt euch mei ner angenommen. Ich war im Gefängnis, und ihr seid zu mir gekommen.
37 Dann werden ihm die Gerechten antworten: Herr, wann haben wir dich hungrig gesehen und haben dir zu essen gegeben, oder durstig und haben dir zu trinken gegeben?
38 Wann haben wir dich als Fremden gesehen und haben dich aufgenommen,

oder nackt und haben dich bekleidet?
39 Wann haben wir dich krank gesehen oder im Gefängnis und sind zu dir gekommen?
40 Und der König wird ihnen zur Antwort geben: Amen, ich sage euch: Was ihr einem dieser meiner geringsten Brüder getan habt, das habt ihr mir getan.
41 Dann wird er denen zur Linken sagen: Geht weg von mir, ihr Verfluchten, in das ewige Feuer, das bereitet ist für den Teufel und seine Engel!
42 Denn ich war hungrig, und ihr habt mir nicht zu essen gegeben. Ich war durstig, und ihr habt mir nicht zu trinken gegeben.
43 Ich war fremd, und ihr habt mich nicht aufgenommen. Ich war nackt, und ihr habt mich nicht bekleidet. Ich war krank und im Gefängnis, und ihr habt euch meiner nicht angenommen.
44 Dann werden auch sie antworten: Herr, wann haben wir dich hungrig oder durstig gesehen oder fremd oder nackt oder krank oder im Gefängnis und haben nicht für dich gesorgt?
45 Dann wird er ihnen antworten: Amen, ich sage euch: Was ihr einem dieser Geringsten nicht getan habt, das habt ihr mir nicht getan.
46 Und diese werden in die ewige Strafe gehen, die Gerechten aber ins ewige Leben.

Liebe Gemeinde

Und wo die Frommen dann sollen hinkommen
wenn sie in Frieden von hinnen geschieden

Ich nehme nicht an, dass jemand von Ihnen vorher,
als wir mit dem Chor diese Worte gesungen haben,
an diesen oder einen vergleichbaren Bibeltext gedacht hat.

Im Mittelalter aber sind diese Worte sehr präsent gewesen
und die Menschen haben dazu ganz starke Bilder vor Augen gehabt.
Denken sie etwa an die Westwand des Kirchenraums von Oltingen,
oder an die Galluspforte am Basler Münster,
Bilder, die Jesus Christus als Richter zeigen.

Überall an und in Kirchen gab es Darstellungen dieser Szene aus Mathäus 25.
Und nicht nur in Kirchen,
sondern auch in Ratsstuben etwa wurde dieses Motiv gezeigt,
um weltliche Richter an ihre letzte Verantwortung
und die Vorläufigkeit ihres Richterspruchs zu erinnern.

Ob es hier auf der Homburg

auch irgendwo ein Bild des letzten Gerichts gehabt hat,
weiss ich nicht,
aber die Urteile, die hier von der Obrigkeit gefällt und vollzogen wurden,
hat man im Bewusstsein gefällt,
dass jede und jeder nicht nur der weltlichen Obrigkeit Rechenschaft schuldig ist,
sondern auch Gott,
der Knecht ebenso wie der Herr.

Interessant ist, wie dieser im Kern *machtkritische* Gedanke,
die Kirche gerade im Mittelalter zu *Machtmissbrauch* verführt hat.
Das Rezept ist simpel und wird auch heute noch mit Erfolg angewendet:
Man schüre und kultiviere Ängste
und biete dann das Heilmittel dagegen selber an.

Die Kirche hat Ängste vor Höllenqualen aufgrund von Sünden geschürt
und mit dem Spenden von Vergebung und Absolution
aufgrund von Beichte, Ablass und frommen Taten,
die Heilmittel dagegen selber verwaltet und verkauft.
Wenn glaubhaft ist,
dass es *ausserhalb der Kirche kein Heil* gibt,
hat die Kirche eine beneidenswerte Monopolstellung,
und damit Macht.

Es ist unermesslich
was dieser ganze Komplex von Ideen rund um
Sünde, Schuld, Gericht, Angst und Strafe
in Menschen an Verletzungen angerichtet hat.

So wünscht sich niemand die Zeit zurück,
in der Prediger den Leuten mit Höllenqualen
und der Angst vor einem strafenden Gott einheizen konnten.
Und wenn es Sekten und Kirchen immer noch tun,
ist das ein Skandal,
oder in gewisser Weise auch einfach lächerlich.

Allerdings ist mit dieser Feststellung das Thema noch nicht vom Tisch.
Denn nicht einfach dem Mittelalter gehört an,
dass Menschen schuldig werden,
dass Menschen Opfer und Täter sind von Gewalt,
dass es Herren gibt und Knechte und Mägde,
dass Menschen in Burgen leben und andere in Hütten,
dass es Rechtlose gibt
und Leute, die meinen sich alle Rechte herausnehmen zu können.

Die Geschichte lehrt uns
achtsam zu sein,
wenn wir in diesen Zusammenhängen Gott zur Sprache bringen wollen,
aber die Gegenwart lehrt uns,
dass wir in der Kirche heute weniger gefährdet sind,
mit unangemessener Rede von Sünde und Gericht,
Menschen Gewalt anzutun,
als dass das, was wir in der Kirche sagen, harmlos ist,
langweilig und nichtssagend,
nichts-sagend zu dem, was Menschen beschäftigt und umtreibt,
und wie Menschen wirklich sind.

Der Gott der Bibel hat verschiedene Gesichter,
uns zugewandte und uns abgewandte.
Der Gott der Bibel ist die Liebe,
er ist *barmherzig und reich an Huld*,
aber er ist auch *eifersüchtig* und *zornig*,
er *schafft Recht Witwen und Waisen*
und *stürzt Gewaltige von den Thronen*
er *liebt den Gerechten* und *hasst die Sünde*.

Ist uns Gott vielleicht in unseren schönen Kirchen abhanden gekommen,
weil er zu einer Art Zuckerwassergott geworden ist,
der einfach lieb ist und gütig,
und Freude hat, wenn die Menschen auch möglichst lieb und gütig sind,
und der halt ein bisschen traurig ist,
weil die Menschen es so oft nicht sind?
Eine Art Schönwettergott,
dem man lediglich vielleicht noch im Wald,
oder in der Erhabenheit der Berge begegnen kann.

Hat sich dieser Gott vielleicht in seiner Blässe in nichts aufgelöst,
weil Menschen merken,
dass Gott ohne Härten und Spannungen,
den Härten und Spannungen des Lebens nicht gerecht werden kann?
Ist dieser Zuckerwassergott vielleicht verdunstet,
weil ein Gott ohne Abgründe und Widersprüche,
den menschlichen Abgründen und Widersprüchen nicht Stand halten kann?

Vielleicht steckt in der Mittelalterbegeisterung,
in der Menschen und Sachen Ecken und Kanten haben,
wo es kraftvoll, derb, bodenständig und widerständig zugeht,
und auch das Irrationale seinen Platz hat,

vielleicht steckt da auch eine Ahnung davon drin,
dass der moderne Gott,
der von all diesen Elementen gereinigt ist,
gar nicht mehr Gott ist,
sondern,
ich weiss auch nicht was,
jedenfalls harmlos und nichtssagend.

Es ist freilich jedem klar,
dass wir in keinem Bereich zurück ins Mittelalter können und wollen,
auch nicht in den Gottesvorstellungen,
aber wenn wir auf die Spur des biblischen Gottes kommen wollen,
wenn wir Gott die Ehre geben wollen, die Gott gebührt,
dann müssen wir in der Kirche wohl etwas Mittelalterliches zurückgewinnen,
und dazu gehört die Vorstellung von Gott als Richter.

Denn das gilt es sich vor Augen zu führen:
Richten heisst im Kern *Recht schaffen*,
jemandem *zu seinem Recht verhelfen*.

Das *Nein*, mit dem ein Richter richtet, kommt aus dem *Ja*.
Bei Gott kommt es aus dem Ja zum Leben,
Ja zur Freiheit, ja zur Liebe,
das göttliche Richten ist ein Teil seines
Ja zum Menschen,
zu allen Menschen.

Mit der Suche nach Gott als Richter
nehmen wir unsere Sehnsucht nach Gerechtigkeit ernst,
und auch unsere Angst,
dass wir das Leben verfehlen könnten.

Denn das kann uns ja verblüffen:
Die alten Höllendarstellungen sind oft fast harmlos
im Vergleich zu den Bildern,
die unsere Seelen in Angst und Schrecken hervorbringen.
Und die Grausamkeit,
mit der wir uns selbst und andere richten,
ist weit unerbittlicher und gnadenloser als es der Gott der Bibel ist.

So liegt im jüngsten Gericht jenseits der schlimmen Bilder
eine grosse Hoffnung,
die Hoffnung auf Gerechtigkeit,

die Hoffnung, dass erlittenes Unrecht nicht einfach ungewogen bleibt,
sondern von Gott wahr und ernst genommen ist,
und die Hoffnung auf das Reich Gottes,
wo es keine Herren und keine Knechte und Mägde gibt
und wo alle Tränen abgewischt werden.
Die Hoffnung,
dass das letzte Wort niemand anders hat als Gott,
und dass dieses letzte Wort ein *Ja* sein wird zu allen,
weil Gott über allen
aufgehen lässt seiner Barmherzigkeit Schein.

Amen

Jesus Christus als milder Richter,
Ausschnitt aus der Galluspforte
Münster Basel, 12. Jhd.

Dank

Pfarrer Roland Durst danke ich herzlich für das Korrekturlesen.

Den Besucherinnen und Besuchern von Gottesdiensten danke ich für viele aufbauende Rückmeldungen zu meinen Predigten.

Der Kirchgemeinde Rümlingen, dem Staatsarchiv Baselland und der Kantonalen Denkmalpflege Basel-Stadt danke ich für die Abdruckerlaubnis der Bilder, von denen sie das Copyright besitzen.

Bildnachweise

Seite 4, Kirchgemeinde Rümlingen
Seite 13, Copyright Staatsarchiv BL, StA BL AA 1001, Nr. 709
Seite 62, privat
Seite 102, Copyright Kantonale Denkmalpflege Basel-Stadt, Foto H. Ochs-Walde

Printed by Books on Demand GmbH, Norderstedt / Germany